대한국인(大韓國人)
의사(義士) 안중근

안 의사의 부친 안태훈 진사   모친 조마리아 여사

안 의사의 출생지 — 1879년 9월 2일 안중근 의사가 탄생한 황해도 해주부(海州俯)와 수양산(首陽山) 전경

진남포 육영사업 시절의 안중근 교장

의군 참모중장 안 의사

두라면 청계동 — 6세 때부터 27세까지 안 의사가 살았던 황해도 신천군 두라면 청계마을.

조선통감부 초대 통감 이토의 오만 — 그는 한국에 부임하여 한국에 주재하는 각국의 공사들을 본국으로 모조리 추방시켰다.

초대 통감 이토 히로부미 — 침략의 원흉 이토가 초대 통감으로 서울에 도착할 당시의 모습(1906년 3월 2일, 뒤에 마차에 앉은 이가 이토)

하얼빈 역 — 1909년 10월 26일 이토 히로부미(伊藤博文)를 저격할 당시의 하얼빈 역(驛)

거사 직전의 하얼빈 역 뒤 정류장 — 안 의사가 이토를 사살하기 위해 대기하고 있던 하얼빈 역 플랫폼

피격 직전 이토의 모습 — 열차에서 내린 이토가 러시아 재정대신·각국 영사들이 정렬해 있는 곳으로 안내를 받고 있다(화살표가 이토).

이토가 저격당한 직후의 장면 — 1909년 10월 26일 상오 9시 30분 안중근 의사는 만주 하얼빈 역두에서 침략의 원흉 이토 히로부미를 권총으로 처단하여 세계를 놀라게 했다.

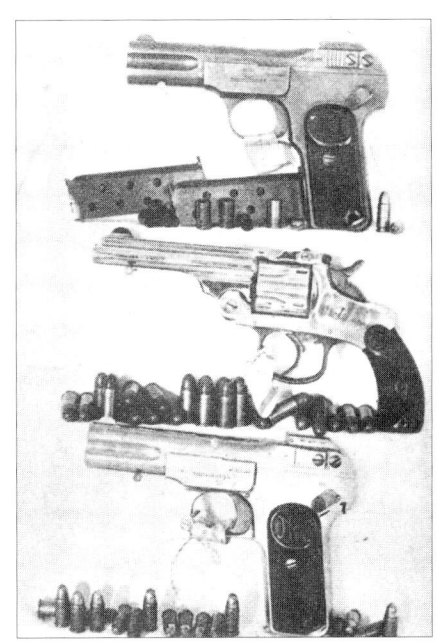

권총과 탄약 — 안중근 의사가 사용했던 7연발 자동권총과 동지들이 소지했던 권총과 탄약.

안 의사와 함께 체포된 동지들 — 좌로부터 김형재 · 김성옥 · 유동하 · 조도선 · 우덕순 의사

순국 5분 전의 안 의사 — 한복 차림으로 갈아입은 모습이다.

순국 이틀 전의 모습 — 1910년 3월 24일 홍신부(등을 보인 사람)와 두 동생(왼쪽 정근·공근)에게 안 의사는 "국권이 회복되거든 고국으로 내 **뼈**를 반장해 다오. 나는 천국에 가서도 국권회복을 위해 힘쓸 것이다"라고 유언하는 등 의연함을 내보였다.

뤼순(旅順) 지방법원 — 안 의사는 6회에 걸쳐 공판을 받았으며 재판장 마나베 주우조(眞鍋十藏)에 의해 사형이 언도되었다. 그러나 그는 항소를 포기하겠다고 말해 법정을 술렁이게 하였다.

형장(刑場)으로 향하는 안 의사의 마지막 길 — 만주 땅 뤼순에서 아침 안개를 뚫고 마차에 실려가다.

뤼쑨 형무소 ─ 안 의사는 거사 직후 일주일 동안 하얼빈 일본 총영사관 지하 감방에서 1차 조사를 받은 후, 이곳으로 옮겨져 순국 때까지 5개월 동안 갇혀 지냈다. 이 자서전과 그의 많은 유필이 이곳에서 쓰여졌다.

32세로 순국(殉國) ─ 1910년 3월 26일 상오 10시 15분경 뤼쑨 감옥생활 5개월 끝에 형장에서 순국하다(사진은 유해를 감옥 묘지로 옮기는 장면).

안중근 의사 충의비 성역(서울 남산 안 의사 기념관 앞에 세워진 자연석비).

안 의사의 친필 석비 — 국가안위 노심초사(국가의 안위를 걱정하고 애태운다)라고 새겨진 석비와, 일일부독서 구중생형극(하루라도 글을 읽지 않으면 입 안에 가시가 돋는다)이라는 석비.

안 의사의 친필 석비 — 견리사의 견위수명(이익을 보거든 정의를 생각하고 위태함을 보거든 목숨을 주라)이라고 음각된 높이 10m의 국내최대 자연석비(남산).

인심결합론 석비 — 1985년 9월 2일 안 의사 기념관 앞에 건립하였다(높이 3.6m 길이 5.1m).

최후의 유언비 — 안 의사가 순국하기 전 홍 신부와 두 동생에게 남긴 유언을 새겨 넣었다.

안 의사의 동상(銅像) — 서울 남산 안 의사 기념관 옆에 자리잡고 있다. 원래는 남산 숭의여고 앞에 건립(59.5.23)되었다가 8년 후 남산공원 광장으로 옮긴 것을 다시 광주시 상무대로 이안하였음. 현재의 동상은 1974년 7월 10일 새로이 좀더 크게 재건하였다.

탄신 100주년 기념석 — 고 박대통령의 필적으로 '민족정기의 전당'이라 음각하여 안 의사 탄신 100주년인 1979년 9월 2일에 기념관 앞에 세웠다.

안중근 의사 초상 — 안 의사 기념관 내에 모셔놓은 안 의사의 초상과 태극기 앞에 조각된 흉상.

안 의사 기념관 — 안 의사의 사진과 갖가지 친필 휘호 등 자료가 전시되어 있다(남산). 매일 수십 명에서 봄가을엔 1~2백명의 내국인 및 일본인 등이 이곳을 찾고 있다.

안중근 의사 자서전

(安應七 歷史)

안중근 옥중 집필 | 편집부 엮음

차례

▨ 이 책을 읽는 분에게 · 5

1. 유년시절 · 9
2. 갑오농민전쟁의 소용돌이   14
3. 천주교에 입교 · 23
4. 의협청년 시절 · 32
5. 증인으로 문란한 검사에 항거 · 39
6. 대한제국의 혼란기 · 46
7. 을사보호조약의 비분을 삭이며 · 54
8. 학교를 설립, 인재 양성에 전력 · 63
9. 북간도에서 독립군 의병장으로 활약 · 74
10. 풍찬노숙과 기아를 극복 · 80

11. 이토에 대한 증오심이 불타 거사 계획 · 88
12. 하얼빈 역두에 일곱 발의 총성 · 95

□ 부 록 · 121
동양평화론(東洋平和論) · 123
인심결합론(人心結合論) · 138
안 의사 유묵 소개 · 141
대한매일신보 게재(1909.11.20~1910.2.20) 기사 · 147
옥중 서신 · 176
최후 공판 기록(변론 및 최후진술·판결 언도) · 181
의거 전후 기록 · 212

□ 연 보 · 225

이 책을 읽는 분에게

"내가 죽은 뒤에 나의 뼈를 하얼빈 공원 곁에 묻어 두었다가, 우리 나라가 주권을 되찾거든 고국으로 옮겨다오. 나는 천국에 가서도 또한 마땅히 우리 나라의 독립을 위해 힘쓸 것이다.

너희들은 돌아가서 동포들에게 각각 모두 나라의 책임을 지고 국민된 의무를 다하며, 마음을 같이하고 힘을 합하여 큰 뜻을 이루도록 일러다오. 대한 독립의 소리가 천국에 들려오면 나는 마땅히 춤추며 만세를 부를 것이다."

이는 안중근 의사가 뤼쑨(旅順) 감옥에서 사형이 집행되기 전 두 동생과 홍 신부를 면회한 자리에서 남긴 말이다.

나라가 풍전등화 같은 백척간두에 몰렸을 때, 오직 나라사랑과 구국의 일념으로 국권강탈의 원흉을 쏘아 쓰러뜨린, 안 의사의 용기야말로 우리 민족의 살아있는 자존심이라 할 수 있다.

주변 열강들의 야욕과 그들의 얽히고 설킨 이해관계에 끼어 희생물이 될 수밖에 없었던 그 시대의 아픔을 좌시하지 않고, 정의를 위해 용감하게 행동으로 맞섰던 그는 유독 의협심이 강하여 불의를 보고는 그냥 지나치지를 못했다.

유년에는 학문보다는 산야를 달리며 사냥에 열중하며 남아의 기상을 길렀고, 성년 이후에는 가산을 털어 기울어져가는 나라의 인재 양성에 뜻을 두고 학교를 세웠으며, 나라의 국권이 완전히 기울었을 때에는 국외로 벗어나 독립을 위한 투쟁과 나라사랑을 외치며 해외동포의 힘을 결집시키는 일에 온 몸을 바쳤다.

지구촌 사람들을 경천동지(驚天動地)케 한 거사의 계획도 많은 시간이나 자금이 소요되지 않은, 어쩌면 천우신조(天佑神助)의 필연적인 결과였는지도 모른다.

안 의사는 법정에서 감옥으로 돌아와

"일본국 4천만 민족이 '안중근의 날'을 크게 외칠 날이 머지않아 올 것이다. 동양의 평화가 이렇게 깨어지니 백년 비바람이 어느 때에 그치리오."

했고 또 이어,

"이번 거사는 내가 할 일의 일부분에 지나지 않는다."

는 말을 남기고 형장의 이슬로 사라져 갔다.

서울의 한복판 남산 위에 우뚝 서 있는 의사의 동상과 기념관의 방명록에는 그때의 가해자였던 후손들인 일본인들의 이름이 수두룩이 기재되어 있는 걸로 보아 우리 국민들에게 보다 그들 일본인들에게 더 조용하고 꾸준하게 숭앙받고 있음을 알 수 있다.

이번 펴내는 이 책은 안중근 의사 숭모회가 펴낸 '안의사의 자서전'을 바탕으로 하여 다섯 권의 자료를 참고해 많은 부분을 보완했으며, 부록으로 옥중에서 저술한 '동양평화론'과, 당시의 재판 상황과 피고들의 동정 등을 게재한 대한매일신보의 기사, 일본인들의 요청으로 남긴 유묵(遺墨), 옥중 서신과 최후 공판 기록, 의거 전후 기록 등을 수록하였다.

우리의 젊은 세대들이 역사인식을 새롭게 하고 나라 사랑이 무엇인지를 자각하며 외국의 그 어느 위인전보다도 애정을 갖고 많이 읽어 주기를 바라는 바이다.

2000년 8·15 광복 55주년을 맞아
편집부

일러두기

一. 안 의사의 친필 원고 원제목은 '안응칠 역사(安應七 歷史)'인데 알기 쉽게 하기 위해서 이 책 제목을 '안중근 의사자서전'이라 하였다.

一. 원문에는 번호 없이 계속하여 쓴 것인데, 번역문에는 독자들의 편리를 위하여 편의상 번호를 붙이고 제목을 달았다.

一. 이 책을 펴내는데 참고 자료로 《의사 안중근 전기(안학식 편저)》, 《하얼빈의 총성(이대호 저)》, 《안중근 사기(김춘광 저)》, 《민족의 얼(안의사 숭모회 편)》, 《안중근(나가노 야스오 저)》 등을 활용하여 엮었음을 밝힌다.

一. 부록으로 수록한 대한매일신보의 당시 기사의 철자법은 현재 사용되는 것으로 고쳤으나 문체(또는 한문체)는 당시의 기사를 거의 그대로 옮겼다.

1. 유년시절
일곱 개의 점이 있어 응칠

1879년 기묘(己卯) 7월 16일. 대한국 황해도 해주부(海州府) 수양산(首陽山) 아래서 한 남자아이가 태어나니 성은 안(安)이요, 이름은 중근(重根), 자(字)는 응칠(應七: 성질이 가볍고 급한 편이므로 이름을 중근이라 하고, 배와 가슴에 검은 점 일곱 개가 있어 자를 응칠이라 함)이라 하였다.

할아버지의 이름은 안인수(安仁壽)이다. 성품이 어질고 후덕(厚德)했으며, 살림이 넉넉하여, 지선기로시도 도내에 이름이 널리 알려졌다.

일찍이 진해현감(鎭海縣監)을 지냈으며 6남 3녀를 낳았다.

맏이는 태진(泰鎭), 둘째는 태현(泰鉉), 셋째는 태훈(泰勳, 나의 아버지), 넷째는 태건(泰建), 다섯째는 태민(泰敏), 여섯째는 태순(泰純)으로서 합하여 6형제였다.

6형제는 모두 글을 썩 잘 했는데, 그 중에서도 셋째인 아버지는 재주와 지혜가 뛰어나서 8, 9세 때 이미 사서삼경(四書三經)을 통달했고, 13, 4세 때에 과거 공부와 사륙병려체(四六騈麗體)를 익혔다.

아버지께서 통감을 읽을 때에 선생이 책을 펴고 글자 하나를 가리키며 물어보았다.

"이 글자에서부터 열 장 뒤에 있는 글자가 무슨 글자인지 알겠느냐?"

아버지께서는 마음 속으로 생각하다가 대답했다.

"알 수 있습니다. 필시 천(天)자일 것입니다."

뒤져보았더니 과연 그 말대로 천(天)자였다.

선생이 기이하게 여기며 다시 물어보았다.

"이 책을 거슬러 올라가도 알 수 있겠느냐?"

그러자 아버지께서는 다시

"예! 알 수 있습니다."

하고 대답하였다.

이렇게 시험해 묻기를 십여 차례 했으나, 바로 하나 거꾸로 하나, 마찬가지로 전혀 착오가 없었다. 이를 보고 듣는 사람들 모두 칭송하지 않는 이가 없었고, 선동(仙童)이라 일컬었다. 그로부터 소문이 원근에 널리 퍼져 알려졌다.

중년에 과거에 올라 진사(進士)가 되고, 조씨(趙氏)에게 장가들어 배필을 삼아, 3남 1녀를 낳으니, 맏이는 중근(重根), 둘째는 정근(定根), 셋째는 공근(恭根)이다.

1884년 갑신년(甲申年)에, 한성(漢城)에 가서 머물 때에, 박영효(朴泳孝) 씨가 나라의 형세가 위태롭고 어지러운 것을 깊이 걱정하여 정부를 혁신하고 국민들을 개명시키고자, 준수한 청년 70명을 선정하여 외국으로 보내어 유학시키려 했는데, 아버지도 거기에 뽑혔다.

슬프다! 정부의 간신배들이 사리에 맞지 않게 박씨가 반역하려고 한다고 모함하여, 병정을 내보내 그를 잡으려 하였다. 그때 박씨는 일본으로 도망하였다. 그리고 동지들과 학생들은 살육도 당하고, 혹은 붙잡혀 멀리 귀양을 가기도 했다.

내 아버지는 몸을 피하여 달아나 고향집으로 돌아와 숨어 살며 조부와 서로 의논하였다.

"국사가 날로 잘못되어가니, 부귀 공명은 바랄 것이 못 됩니다."

그러던 중 하루는

"도대체 일찌감치 산에 들어가 살면서, 구름 아래 밭이나 갈고, 달밤에 고기나 낚으며 세상을 마치는 것만 못하다."

하였다. 그리고 집안 살림을 모두 팔고, 재산을 정리해, 마차(馬車)를 준비하여, 무려 7, 80명이나 되는 대가족을 이끌고 신천군 청계동(信川郡 淸溪洞) 산중으로 이사를 갔다.

그곳은 지형은 험준하나, 논밭이 제대로 갖추어 있고, 산수 경치가 아름다워, 그야말로 별유천지(別有天地)라 할 만 했다. 그때 내 나이 6, 7세였다.

조부모의 사랑을 받으며 한문서당(漢文書堂)에 들어가 8, 9년 동안에 겨우 보통학문을 익혔다.

14세 되던 무렵에 조부 인수께서 돌아가셨다. 나는 사랑으로 감싸주시며 길러 주시던 정을 잊을 수 없어, 심히 애통한 나머지 병으로 반년이나 앓다가 겨우 회복되었다.

나는 어려서부터 특히 사냥을 즐겨, 언제나 사냥꾼을 따라다니며, 산과 들에서 사냥하며 다녔다.

차츰 장성해서는 총을 메고 산에 올라 새, 짐승들을 사냥하느라고 학문에 그다지 힘쓰지 않았다. 그래서 부모와 선생들이 나를 엄하게 꾸짖기도 했으나 끝내 복종하지 않았다.

어느날 친한 친구 동문들이 서로 타이르며 권면하였다.

"그대 부친은 문장으로써 세상에 이름을 떨쳤는데, 자네는 어째서 장차 무식한 하등인이 되려고 자처하는 것인가."
하였다.

나는 이렇게 대꾸했다.

"자네들 말도 옳다. 그러나 내 말도 좀 들어보게. 옛날 초패왕 항우(楚覇王項羽)가 말하기를 '글은 이름이나 적을 줄 알면 그만이다'라 했다. 그랬는데도 만고영웅 초패왕의 명예가 오히려 천추에 남아 전한다. 나도 학문 가지고 세상에 이름을 드러내고 싶지는 않다. 저도 장부요, 나도 장부다. 자네들은 다시는 나에게 학업을 권하지 말라."

그 때가 3월 봄철이었다.

학생들과 함께 산에 올라가 경치를 구경하다가 험한 바위가 겹겹이 쌓인 낭떠러지 위에 이르렀다. 그만 꽃이 탐스러워 그것을 꺾으려다가 발을 헛디뎌 그만 미끄러졌다. 십수 척 아래로 굴러 떨어지고 있었지만 어찌할 길이 없었다.

마음을 가다듬는 순간 마침 나무 한 그루가 있는 것이 보이기에 손을 내밀어 그것을 쥐어잡았다. 겨우 몸을 떨쳐 용기를 내어 일어나 사방을 둘러보았다. 만일 두서너 자만 더 아래로 떨어졌더라면, 수백 척 벼랑 아래로 떨어져 뼈는 부스러지고 몸은 가루가 되어 다시 살아날 가망이 없을 뻔했다.

  여러 친구들은 산 위에 서서 얼굴이 흙빛이 되어 있다가, 살 길이 생긴 것을 보고 밧줄로 끌어 올려 주었다. 몸에 상처 한 군데도 없이, 등에 땀만 흠뻑 젖었다. 서로 손을 잡고 기뻐하며, 천명을 감사하면서 산을 내려와 집으로 돌아왔다. 이것이 위급한 고비에서 죽음을 면한 나의 첫번째였다.

2. 갑오농민전쟁의 소용돌이
동학당의 폭행에 맞서다

1894년 갑오(甲午)에 내 나이 16세로, 아내 김씨(金氏)에게 장가들었다. 현재 두 아들과 딸 하나를 두었다.

그 무렵 한국 각 지방에서는 이른바 동학당(東學黨:한일합병 전 일진회[一進會]의 근본 조상임)이 곳곳에서 벌떼처럼 일어나 외국인을 배척한다는 핑계로 군현(郡縣)을 횡행하면서, 관리들을 죽이고 백성의 재산을 약탈했다. (이때 한국이 장차 위태롭게 된 기초가 만들어졌다. 일본·청국·러시아가 전쟁하게 된 원인을 낳은 병균이 되었다.)

관군(官軍)이 그들을 진압할 수 없었기 때문에 청국 병정들이 건너오고, 또 일본 병정들도 건너와, 일본과 청국 두 나라가 서로 충돌하여 마침내 큰 전쟁이 되고 말았다.

그때 나의 아버지는 동학당의 폭행을 견디기 어려워 동지들을 단결하고 격문을 뿌려 의거를 일으켰다. 포수들을 불러 모으고, 처자들까지 대열에 편입시켜 정병(精兵)이 무릇 70여 명이나 되었다. 청계산중에 진을 치고, 동학당에 항거했다.

그때 동학당의 괴수 원용일(元容日)이 도당 2만여 명을 이끌고 기세도 당당하게 쳐들어왔다. 동학당의 깃발과 창과

매국단체 일진회―동학당은 일진회의 전신이라 할 수 있으며 일진회는 친일파·민족 반역자 송병준과 이용구를 주축으로 하여 고종 양위와 한일합병에 앞장섰다. 사진은 일본인과 뒤섞여 있는 일진회 자위단 원호대의 모습 (1908.12. 이용구의 집).

칼이 햇빛을 가리고, 북소리, 호각소리, 고함소리가 천지를 뒤흔들었다.

그러나 의병은 그 수가 70여 명을 넘지 못하였다. 그 세력의 강하고 약함이 마치 계란을 가지고 바위를 치는 격과 같아, 모든 사람들이 마음 속으로 겁을 먹고 어찌할 줄을 몰랐다.

때는 12월, 한겨울에, 갑자기 동풍(東風)이 불고, 큰비가 쏟아져 지척을 분간키 어려웠다. 동학군은 갑옷이 모두 젖어 춥고 그 한기를 어찌할 줄 몰라 10리쯤 진지를 물러가 근처 촌락에서 밤을 지내게 되었다.

그날 밤 아버지께서는 여러 장수들과 함께 의논하였다.

일진회 고문과 친일괴수 이용구—통감 이토 히로부미의 자문관으로 내한, 한일합병을 주도한 원흉 우치다와 다케다(오른쪽은 친일괴수 이용구).

"만일 내일까지 이 자리에 앉은 채로 적병의 포위 공격을 받게 되면, 우리의 소수인 군사로 적의 많은 군사에 대항하지 못할 것은 필연한 일이다. 오늘밤 먼저 나가 적병을 습격하는 길밖에 없다."

하고 곧 명령을 내렸다.

닭이 울자 새벽밥을 지어먹고, 정병 40명을 뽑아 출발시키고 남은 병정들은 본진(本陣)을 수비하게 했다.

그때 나는 동지 6명과 함께 자원하고 나서서 선봉(先鋒) 겸 정탐독립대(偵探獨立隊)가 되어 전진 수색하면서 적병의 대장(大將)이 있는 곳에 아주 가까이 다달았다.

숲속에 엎드려 숨어서 적진 형세의 동정을 살펴보니 깃발이 바람에 휘날려 펄럭이고 불빛이 하늘에 치솟아 대낮 같은데, 사람과 말들이 소란하여 도무지 기율이 없었다. 그리하여 나는 동지들을 돌아보며 일렀다.

"만일 지금 적진을 습격하기만 하면 반드시 성공할 것이다."

그랬더니 모두들 말하기를,

"얼마 안 되는 소수의 군사로 어찌 적의 수만 대군을 당적할 수 있겠는가?"

나는 다시 대답하였다.

"그렇지 않다. 병법(兵法)에 이르기를 '적을 알고 나를 알면 백 번 싸워 백 번 이긴다'고 했다. 내가 적의 형세를 보니 오합지졸이 모인 질서 없는 군중이다. 우리 일곱 사람이 마음을 같이 하고 힘을 합하기만 하면 저런 반란을 일으킨 무리들은 비록 백만 대중이라고 해도 겁날 것 없다. 아직 날이 밝지 않았으니 뜻밖에 쳐들어가면 파죽지세(破竹之勢)가 될 것이다. 그러니 그대들은 망설이지 말고 내 작전에 따르시오."

그랬더니 모두들 응낙하여 계획을 완전히 끝내었다.

호령 한 마디에 일곱 사람이 일제히 적진의 대장이 있는 곳을 향해 연속 사격을 시작하였다. 포성은 벼락처럼 천지를 뒤흔들고 탄환은 우박처럼 쏟아졌다.

적병은 전혀 예측도 못하고 준비도 못했기에 미처 손을 쓸 수 없었다. 그래서 몸에 갑옷도 입지 못하고 손에 총도 들지 못한 채 서로 밀치고 밟으며, 산과 들로 흩어져 달아나므로 우리는 파죽지세로 추격했다.

이윽고 동이 텄다. 적병은 그때서야 우리 형세가 외롭고 약한 줄을 알아차리고 사면에서 에워싸고 공격하였다. 그래서 형세가 극히 위급해져서, 좌충우돌(左衝右突)해 보았으나 몸이 빠져 나갈 길이 없었다.

그때 갑자기 등 뒤에서 포성이 크게 울리며 한 부대 군사들이 돌격하며 공격하였다. 그러자 적병은 패하여 달아나 포위망이 풀려 빠져 나올 수 있었다. 바로 본진의 지원병들이 와서 응원하여 접전해 준 것이었다.

두 진이 합세하여 추격하자, 적병은 사방으로 흩어져 멀리 도망하였다. 전리품(戰利品)을 거두니, 군기(軍器)와 탄약이 수십 발이요, 말도 그 수를 헤아릴 수 없었으며, 군량(軍糧)은 천여 포대요, 적병의 사상자는 수십 명이었다. 그러나 우리 의병들은 한 사람의 부상도 없었으므로, 하늘의 은혜에 감사하고 만세를 세 번 부르며 본동(本洞)에 개선하여 본도 관찰부(觀察府)에 급히 승전보고를 알렸다.

이 때 일본 위관(慰官) 스즈키(鈴木)란 자가 군대를 이끌고 지나가다가 서신을 보내어 축하의 뜻을 표하는 것이었다.

이로부터 적병은 소문을 듣고 멀리 달아나 다시는 더 싸움이 없었고, 차츰 잠잠해져서 나라 안이 태평해졌다.

나는 그 싸움 뒤에 무서운 병에 걸려 두서너 달을 고통스럽게 보낸 끝에 겨우 죽음을 면하고 소생하였다. 그리고 그 때부터 지금에 이르도록 15년 동안에 조그마한 병도 한 번 앓지 않았다.

아! 토끼사냥에 애쓴 개마저 잡아먹으러 들고, 내를 건너갈 적에 요긴히 쓴 지팡이도 건너가서는 모래바닥에 내동댕이친다더니만 그 이듬해 을미년(乙未年, 1895년) 여름에 어떤 손님 두 사람이 찾아와 아버지에게 이런 말을 하는 것이었다.

"작년 전쟁 때 실어온 천여 포대의 곡식은 원래 동학당들의 물건이 아니었소. 본시 그 절반은 지금 탁지부 대신(度支部大臣;재무부 대신) 어윤중(魚允中) 씨가 사두었던 것이오, 또 그 절반은 전 선혜청 당상(前 宣惠廳 堂上) 민영준(閔泳駿)씨가 농장에서 추수해 들인 곡식이니 지체하지 말고 그 수량대로 돌려 드리시오."

아버지는 웃으며 대답하였다.

"어씨, 민씨, 두 분의 쌀은 내가 알 바 아니오. 직접 동학당의 진중에 있던 것을 빼앗아 온 것이니 당신들은 다시는 그런 무리한 말을 하지 마시오."

그러자 두 사람은 아무 대답도 없이 돌아가고 말았다.

하루는 한성에서 급한 편지 한 장이 왔다. 그 편지를 열어보니 이런 내용이었다.

"지금 탁지부대신 어윤중과 민영준 두 사람이 잃어버린 곡식 포대를 찾을 욕심으로 황제폐하께 '안모(安某)가 막중한 국고금과 무역해 들인 쌀 천여 포대를 실마리를 남기지 않고, 몰래 도둑질해 먹었기 때문에 사람을 시켜 탐사해 보니, 그 쌀로서 병정 수천 명을 길러 음모를 꾸미려 하고 있사오니 만일 군대를 보내어 진압하지 않으면 국가에 큰 환난이 있을 것입니다'라고 무고하여, 곧 군대를 파견하려 하고 있으니 그렇게 알고 빨리 올라와 뒷갈망을 위한 방침을 꾀하도록 하시오."〔전판결사(前判決事) 김종한(金宗漢)의 편지〕

아버지는 그 편지를 읽고 곧 길을 떠나 한성에 이르러 보니, 과연 그 말과 같았다. 그러므로 사실을 들어 법관에 호소하고 두서너 번이나 재판을 했으나 끝내 판결을 보지 못했다.

그러던 중 김종한 씨가 정부에 이렇게 제의하였다.

"안모(安某)는 본시 도적의 무리가 아닐 뿐더러 의병을 일으켜 도적들을 무찌른 국가의 큰 공신이니, 마땅히 그 공훈을 표창해야 할 일이거늘, 도리어 근사하지도 않고 당치도 않은 말로써 이렇게 모함할 수가 있겠습니까."

하였다. 그러나 어윤중은 끝내 들어주지 않았다. 그러더니, 뜻밖에 어씨는 민란(民亂)을 만나 난민들의 돌에 맞아 참혹하게 죽은 귀신이 되어 그의 무고도 끝나고 말았다.

그러나 독사(毒蛇)가 물러나자 맹수가 다시 나오는 격으로 이번에는 민영준이 새로 일을 벌여 해치려 들었다.

민씨는 세력가라 사태는 위급해지고 꾀와 힘이 다하여 어찌할 방법이 없었다. 프랑스 사람의 천주교당(天主敎堂)으로 몸을 피해 들어가 자취를 숨겨 몇 달 동안 다행하게도 프랑스 사람들이 돌보아주는 덕택을 입었다. 그래서 민의 일도 영영 끝이 나서 무사하게 되었다.

그러는 동안, 교당 안에서 오래 머물며 강론(講論)도 많이 듣고 성서(聖書)도 많이 읽어 진리를 깨닫고 몸을 맡겨 입교

한 뒤에, 앞으로 복음을 전파하고자 교회 안의 박학사(博學士)인 이보록(李保祿)과 함께 많은 경서(經書)를 싣고 고향으로 돌아왔다.

그때 내 나이 17, 8세 쯤이라. 나이는 젊고 힘은 세고, 기골(氣骨)이 빼어나 남에게 뒤지지 않았다.

평생 특성으로 즐겨하던 일이 네 가지가 있었으니

첫째는 친구와 의(義)를 맺는 것이요(親友結義)

둘째는 술 마시고 노래하고 춤추는 것이요(飮酒歌舞)

셋째는 총으로 사냥하는 것이요(銃砲狩獵)

넷째는 날쌘 말을 타고 달리는 것이었다(騎馳駿馬).

그래서 멀고 가까운 것을 가리지 않고 만일 의협심 있는, 사나이다운 사람이 어디서 산다는 말만 들으면, 언제나 총을 지니고 말을 달려 찾아갔다. 그래서 괴언 그가 동시가 될만하면 의분이 복받치어 한탄스런 이야기로 토론하고 유쾌하게 실컷 술을 마시고서 취한 뒤에는 혹 노래도 하고 혹 춤도 추고 또 혹 기생방에서 놀기도 했다.

그리고 기생에게,

"너는 절묘한 자색으로 호걸남자와 짝을 지어 같이 늙는다면 그 얼마나 좋은 일이겠느냐. 너희들은 왜 그렇게 하지 못하고 돈 소리만 들으면 침을 흘리고 정신을 잃고 염치불고하고 오늘은 장씨, 내일은 이씨에게 붙어서 금수의 행동을 하는 것이냐."

내 말을 계집들이 수긍하지 않고, 고까워하는 빛이나 공손하지 않은 태도를 보이면, 나는 욕을 퍼붓기도 하고 매질도 했기 때문에 친구들은 나의 별호를 '번개입[電口]'이라고 불렀다.

하루는 동지 6, 7인과 산에 가서 노루사냥을 하는데 공교롭게도 탄환이 총구멍에 걸렸다.(구식 6연발) 빼낼 수도 없고 들이밀 수도 없어, 쇠꼬챙이로 총구멍을 뚫으려고 주저 없이 마구 쑤셔댔다. 그랬더니

"쾅!"

하고 터지는 소리에 혼비백산(魂飛魄散)하여 머리가 붙어 있는지 없는지, 목숨이 살았는지 죽었는지조차도 깨닫지 못했다.

이윽고 정신을 차려 자세히 살펴보니, 탄환이 폭발하여 쇠꼬챙이와 탄환 알이 함께 오른손을 뚫고 공중으로 날아간 것이었다. 나는 곧 병원으로 가서 치료했다.

그로부터 지금까지 10년 동안 비록 꿈 속에서도 그때 놀랐던 일에 생각이 미치면 모골(毛骨)이 송연(悚然)해진다.

그 뒤 또 한번은 남이 잘못 쏜 엽총 산탄(散彈) 두 개가 등 뒤를 맞히기는 했으나, 별로 중상(重傷)은 아니었고, 곧 총알을 빼내 무사했다.

3. 천주교에 입교

그 무렵, 아버지는 널리 복음(福音)을 전파하고 원근에서 권면하여 입교하는 사람들이 날마다 늘어갔다.

우리 모든 가족들도 모두 천주교를 믿게 되었고 나도 역시 입교하여 프랑스 사람 선교사 홍신부(洪神父) 요셉(若瑟)에게서 영세를 받고 성명(聖名)을 도마(多默)라 하였다.

경문을 강습도 받고, 교리(敎理)를 토론도 하기 여러 달을 지나, 신덕(信德)이 차츰 군어지고 독실히 믿어 의심치 않고 천주 예수 그리스도를 숭배하며, 날이 가고 달이 가는 몇 해가 지났다.

그때 교회의 사무를 확장하고자 나는 신부와 함께 여러 고을을 다니며 사람들을 권면하고 전도하면서 군중들에게 연설했었다.

"형제들이여. 할 말이 있으니 꼭 내 말을 들어주시오, 만일 어떤 사람이 혼자서만 맛있는 음식을 먹고 그것을 가족들에게 나누어주지 않는다거나, 또 재주를 간직하고서 남을 가르치지 않는다면, 그것을 과연 동포의 정리(情理)라고 할 수 있겠소. 지금 내게 별미가 있고, 기이한 재주가 있는데,

그 음식은 한번 먹기만 하면 장생불사(長生不死)하는 것이요, 또 이 재주를 한번 통하기만 하면 하늘로 날아 올라갈 수 있는 것이기 때문에 그것들을 가르쳐 드리려 하므로 여러 동포들은 귀를 기울이고 들으시오.

대개 천지간 만물 가운데서 오직 사람이 가장 귀하다고 하는 것은 혼이 신령하기 때문이오.

혼에는 세 가지가 있는데, 첫째는 생혼(生魂)이니 그것은 초목의 혼으로서 생장할 수 있는 혼이요, 둘째는 각혼(覺魂)이니 그것은 금수의 혼으로서 지각(知覺)할 수 있는 혼이요, 셋째는 영혼(靈魂)이니 그것은 사람의 혼으로서, 생장하고 지각하고, 그리고 시비를 분별하고, 도리를 토론하고, 만물을 맡아 다스릴 수 있기 때문에, 오직 사람이 가장 귀하다 하는 것이요.

사람이 만일 영혼이 없다고 하면, 육체만으로는 짐승만 같지 못할 것이오. 왜 그런고 하니 짐승은 옷이 없어도 추위를 견디고, 직업이 없어도 먹을 수 있고 날을 수도 있고, 달릴 수도 있어 재주와 용맹이 사람보다 낫기 때문이오.

그러나 하많은 동물들이 사람의 절제를 받는 것은 그것들의 혼이 신령하지 못하기 때문이오.

그러므로 영혼의 귀중함은 이것을 미루어서도 알 수 있는 일인데, 이른바 천명(天命)의 본성이란 것은 그것이 바로 지극히 높으신 천주께서 사람의 태중에서부터 넣어 주는 것으로서, 영원무궁하고 죽지도 멸하지도 않는 것이오.

그러면 천주는 누구인가. 한 집안 가운데는 그 집주인이 있고, 한 나라 가운데는 임금이 있듯이, 이 천지 위에는 천주가 계시어 시작도 없고 끝도 없이 삼위일체로서(성부·성자·성신이니 그 뜻이 깊고 커서 아직 해석하지 못했음) 전능(全能), 전지(全知), 전선(全善)하고 지공(至公), 지의(至義)하여 천지만물, 일월성신을 만들어 이루시고, 착하고 악한 것을 상주고 벌주시는, 오직 하나요 둘이 없는 큰 주재자(主宰者)가 바로 그 분이오.

만일 한 집안의 아버지 되는 이가 집을 짓고 산업을 마련하여 그 아들에게 주어 재산을 누리며 쓰게 했는데 아들은 제가 잘난 척 생각하고 어버이를 섬길 줄 몰라 불효 막심하다면 그 죄가 중하다 할 것이오.

또 한 나라의 임금이 정지를 공정히 하고 백성들의 생업을 보호하여 모든 국민들이 태평을 누릴 수 있게 되었는데 백성이 그 명령에 복종할 줄 모르고 전혀 충군(忠君) 애국하는 성품이 없다면 그 죄는 가장 중하다 할 것이오.

그런데 이 천지간에 큰 아버지요, 큰 임금이신 천주께서 하늘을 만들어 우리를 덮어 주시고, 땅을 만들어 우리를 떠받쳐 주시고, 해와 달과 별을 만들어 우리를 비추어 주시고 또 만물을 만들어 우리로 하여금 쓰게 하시니 실로 그 크신 은혜가 그같이 막대하오. 그런데 만일 사람들이 망령되어 제가 잘난 척, 충효를 다하지 못하고 근본을 보답하는 의리를 잊어버린다면 그 죄는 비길 데 없이 큰 것이니 어찌 두려운 일이 아니며, 어찌 삼갈 일이 아니겠소. 그러므로 공자(孔子)도 말하기를, '하늘에 죄를 지으면 빌 데도 없다' 했소.

천주님은 지극히 공정하여 착한 일에 갚아주지 않는 일이 없고 악한 일에 벌하지 않는 일이 없거니와, 공죄(功罪)의 심판은 몸이 죽는 날 하는 것이라, 착한 이는 영혼이 천당에 올라가 영원무궁한 즐거움을 받을 것이요, 악한 자는 영혼이 지옥으로 떨어져 영원히 다함없는 고통을 받게 되는 것이오.

한 나라의 임금도 상주고 벌주는 권세를 가졌거늘 하물며 천지를 다스리는 거룩한 큰 임금이겠소.

혹시 어째서 천주님이 사람들이 살아 있는 현세(現世)에서 착하고 악한 것을 상주고 벌주지 않느냐고 하겠지마는 그것은 그렇지 아니하오. 이 세상에서 주는 상벌은 한정이 있지마는 선악에는 한이 없는 것이오. 만일 어떤 사람이 한 사람을 죽여 시비를 판별할 때에 죄가 없으면 그만이려니와 죄가 있어도 그 한 사람만 다스리는 것으로 족한 것이오.

그러나 어떤 사람이 수천만 명을 죽인 죄가 있을 때에 어찌 그 한 몸뚱이만 가지고 대신할 수 있겠소. 그리고 또 만일 어떤 사람이 수천만 명을 살린 공로가 있을 때에 어찌 잠깐의 세상영화로써 그 상을 다했다고 할 수 있겠소.

더구나 사람의 마음이란 때를 따라 변하는 것이어서 혹 지금은 착하다가도 다음 시간에는 악한 일을 짓기도 하고 혹은 오늘은 악하다가도 내일은 착하게도 되는 것이니 만일 그 때마다 선악에 상벌을 주기로 한다면 이 세상에서 인류가 보전하기 어려울 것이 분명하오.

또 이 세상 벌은 다만 그 몸을 다스릴 뿐이요, 그 마음은 다스리지 못하는 것이지만 천주님의 상벌은 그렇지 아니하오.

전능(全能), 전지(全知), 전선(全善)하고 지공(至公), 지의(至義)하기 때문에 사람의 목숨을 너그러이 기다려 주었다가, 세상을 마치는 날 선악의 경중을 심판한 연후에, 죽지 않고 멸하지도 않는 영혼으로 하여금 영원무궁한 상벌을 받게 하는 것인데, 상은 천당의 영원한 복이요, 벌은 지옥의 영원한 고통으로서, 천당에 오르고 지옥에 떨어지는 것은 한번 정하고는 다시 변동이 없는 것이오.

아— 사람의 목숨은 많이 가야 백 년을 넘지 못하는 것이오. 또 어진 사람이나 어리석은 사람이나 귀하고 천한 것을 물을 것 없이 누구나 알몸으로 이 세상에 태어났다가 알몸으로 저 세상으로 돌아가는 것이니 이것이 이른바 빈손으로 왔다가 빈손으로 돌아간다고 하는 것이오.

세상일이란 이같이 헛된 것인데, 이미 그런 줄 알면서 왜 허욕의 구렁텅이에서 허우적거리며, 악한 일을 하고도 깨닫지 못하는 것인지, 나중에 뉘우친들 무엇하리요.

만일 천주님의 상벌도 없고 또 영혼도 역시 몸이 죽을 때 같이 따라 없어진다면, 잠깐 사는 세상에서 잠깐 동안의 영화를 혹시 꾀함직 하지만은, 영혼이란 죽지 않고 없어지지도 않으며, 천주님의 지극히 높은 권한도 불을 보는 것처럼 명확하오.

옛날 요(堯) 임금이

'저 흰 구름을 타고 제향(帝鄕)에 이르면 또 다른 무슨 생각이 있으리요' 한 것이나, 우(禹) 임금이

'삶이란 붙어있는 것[寄也]이요, 죽음이란 돌아가는 것[歸也]이라' 한 것과 또

'혼은 올라가는 것이요, 넋[魄]은 내려가는 것이라' 한 것들이 모두 다 영혼은 멸하지 않는다는 뚜렷한 증거가 되는 것이오. 만일 사람이 천주님의 천당과 지옥을 보지 못했다 하여 그것이 있는 것을 믿지 않는다 하면, 그것은 마치 유복자(遺腹子)가 아버지를 못 보았다고 해서 아버지 있는 것을 안 믿는 것과 같고, 또 소경이 하늘을 못 보았다고 해서 하늘에 해가 있는 것을 안 믿는 것과 무엇이 다를 것이오. 또 화려한 집을 보고서 그 집을 지을 때 보지 않았다 해서 그 집을 지은 목수가 있었던 것을 안 믿는다면 어찌 웃음거리가 되지 않겠소.

이제 저 하늘과 땅과, 해와 달과 별들의 넓고 큰 것과 날고 달리는 동물, 식물 등, 기기묘묘(奇奇妙妙)한 만물이 어찌 지은이 없이 저절로 생성(生成)할 수 있을 것이오.

만일 과연 저절로 생성하는 것이라면 해와 달과 별들이 어째서 어김없이 운행되는 것이며, 또 봄·여름·가을·겨울이 어째서 틀림없이 질서있게 돌아갈 수 있을 것이오.

비록 집 한 칸, 그릇 한 개도 그것을 만든 사람이 없다면 생겨날 수가 없는 것인데, 하물며 수륙(水陸) 간에 하많은 기

계(機械)들이 만일 주관하는 이가 없다면 어찌 저절로 운전될 리가 있겠소.

그러므로 믿고 안 믿는 것은, 보고 못 본 것에 달린 것이 아니라, 이치에 맞고 안 맞는 것에 달렸을 따름이오.

이러한 몇 가지 증거를 들어 지극히 높은 천주님의 은혜와 위엄을 확실히 믿어 의심하지 아니하고 몸을 바쳐 신봉하며, 만일에 대응하는 것이야말로 우리 인류들의 당연한 본분인 것이오.

지금으로부터 1천 8백여 년 전에 지극히 어진 천주님이 이 세상을 불쌍히 여겨, 만인의 죄악을 속죄하여 구원하고자 천주님의 둘째 자리인 성자(聖子)를 동정녀 마리아의 뱃속에 잉태케 하여 유대국 베들레헴에서 탄생시키니 이름하되 예수 그리스도라 했소.

그가 세상에 머무르는 33년 동안, 사방을 두루 다니며 사람들을 보고 그 허물을 뉘우치게 하고 신령한 행적을 많이 행하였소. 소경은 눈을 뜨고, 벙어리는 말을 하고, 귀머거리는 듣고, 앉은뱅이는 걷고, 문둥이가 낫고, 죽은 사람이 되살아나, 멀고 가까운 곳에서 이 소문을 듣고 따르지 않는 사람이 없었소.

그 중에서 12인을 가려 제자를 삼고 또 특히 한 사람을 뽑으니 이름은 베드로라. 그로써 교종(敎宗)을 삼아, 장차 그 자리를 대신케 하고자 권한을 맡기고 규칙을 정해서 교회(敎會)를 세웠던 것이오.

지금 이탈리아 로마에서 그 자리에 계신 교황(敎皇)은 베드로로부터 전해 내려오는 자리로서 지금 세계 각국 천주교인들이 모두 다 그를 우러러 받들고 있소.

그 당시 유대 예루살렘 성중에서 옛 교를 믿던 사람들이 예수가 착한 일 하는 것을 미워하고 권능을 시기하여 무고로 잡아다가 무수히 악형하고 천만 가지 고난을 가한 다음, 십자가에 못을 박아 공중에 매어 달았을 때, 예수는 하늘을 향해 '만인의 죄악을 용서해 줍시사' 하고 기도한 뒤에 큰 소리 한 번에 마침내 숨이 끊어졌소.

그때 천지가 진동하고 햇빛이 어두워지니 사람들이 모두 놀라 '하느님의 아들'이라 일컬었고, 제자들은 그 시체를 거두어 장사지냈소.

예수는 사흘 뒤에 다시 살아나 무덤에서 나와 제자들에게 나타나 같이 지내기를 40일 동안에 죄를 사(赦)하는 권한을 전하고 무리들을 떠나 하늘로 올라가셨소.

제자들은 하늘을 향하여 예배하고 돌아와 세계를 두루 다니며 천주교를 전파하니 오늘에 이르기까지 2천 년 동안에 신도들이 몇 억만 명인지 알지 못하고 천주교의 진리를 증거하고 천주님을 위하여 목숨을 바치려는 사람들도 몇 백만 명인지 모르오.

지금 세계 문명국 박사·학사·신사들 중 천주 예수 그리스도를 믿지 않는 사람이 없소. 그러나 지금 세상에는 위선(僞善)의 교도 대단히 많은데 이것을 예수께서 미리 제자들에게 예언하여 이렇게 말했소.

'뒷날 반드시 위선하는 자가 있어, 내 이름으로 민중들을 감화시킨다 할 것이니, 너희들은 삼가서 그런 잘못에 빠져들지 말라. 천국으로 들어가는 문은 다만 천주교회의 문 하나밖에 없다'고 하였소.

원컨대 우리 대한의 모든 동포 형제·자매들은 크게 깨닫고 용기를 내어 지난날의 허물을 깊이 참회함으로써 천주님의 의자(義子)가 되어, 현세(現世)를 도덕시대로 만들어 다 같이 태평을 누리다가, 죽은 뒤에 천당에 올라가 상을 받아 무궁한 영복(永福)을 함께 누리기를 천만 번 바라오."

이같이 설명했는데 듣는 사람들 가운데 혹은 믿는 이도 있었고 믿지 않는 이도 있었다.

4. 의협청년 시절

그때 교회는 차츰 확장되어, 교인이 수만 명에 가까웠으며, 선교사 여덟 분이 황해도에 와서 머물고 계셨다.

나는 그때 홍 신부에게서 프랑스 말을 몇 달 동안 배웠다. 나는 홍 신부와 서로 의논하기를

"이제 한국 교인들이 학문에 어두워서 교리를 전도하는 데에 수고가 적지 않습니다. 하물며 앞날의 국가 대세야 말하지 않아도 짐작할 만합니다. 민(閔) 주교에게 말씀해서 서양 수사회(修士會) 가운데서 박학한 선비 몇 사람을 청해 와서 대학교를 설립한 뒤에, 국내에 재주가 뛰어난 자제들을 교육시킨다면, 수십 년이 지나지 않아 반드시 큰 효과가 있을 것입니다."

하고서, 계획을 세워 홍 신부와 함께 곧 서울로 가서 민 주교를 만나서 그 의견을 제출했다.

그랬더니 주교가 이렇게 말했다.

"한국인이 만일 학문이 있게 되면, 교 믿는 일에 좋지 않을 것이니, 다시는 그런 의논을 꺼내지 마시오."

나는 두 번 세 번 권고했으나 끝내 들어주지 않았다. 그래

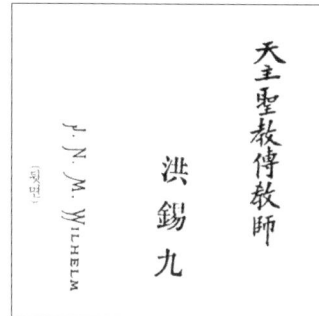

홍 신부—홍석구 신부(神父)와 명함

서 어찌할 길이 없어 고향으로 돌아오긴 했으나, 그로부터 분개함을 참지 못하고 마음 속으로 맹세하였다.

"교의 진리는 믿을지언정, 외국인의 심정은 믿을 것이 못된다."

그리고 프랑스 말 배우던 것도 폐하고 말았다.

어떤 벗이 물었다.

"무엇 때문에 배우지 않는가?"

그래서 나는 대답하였다.

"일본말을 배우는 자는 일본의 종놈이 되고, 영어를 배우는 자는 영국의 종놈이 된다. 내가 만일 프랑스 말을 배우다가는 프랑스 종놈을 면치 못할 것이라, 그래서 폐한 것이다. 만일 우리 한국이 세계에 위력을 떨친다면 세계 사람들이 한국말을 통용할 것이니 그대는 조금도 걱정하지 말게."

그러자 그는 할 말이 없어 물러가고 말았다.

4. 의협청년 시절

그 당시 이른바 금광 감리(監理) 주가(朱哥)라는 사람이 천주교를 비방하여 피해가 적지 않으므로, 내가 대표로 선정되어 주가가 있는 곳에 파견되어 갔다. 그곳에서 사리를 따져가며 질문하는 차에, 금광 일꾼들 4, 5백 명이 제각기 몽둥이와 돌을 가지고, 옳고 그른 것을 불문하고 두들겨패려 내려오니 위급하여 어찌할 길이 없었다. 그것이 바로 법은 멀고 주먹은 가깝다는 것이었다.

나는 오른손으로 허리춤에 차고 있던 단도를 뽑아들고 왼손으로는 주가의 오른손을 잡고서, 큰 소리로 꾸짖었다.

"네가 비록 백만 명 무리를 가졌다 해도, 네 목숨은 내 손에 달렸으니 알아서 해라."

그러자 주가가 크게 겁내어 좌우를 꾸짖어 물리치므로 내게 손을 대지 못했었다.

나는 주가의 오른손을 잡은 채로 문 밖으로 끌고 나와 10여 리를 동행한 뒤에 주가를 놓아 보내고 나도 빠져 나왔다.

그 뒤에 나는 만인계(萬人契: 채표 회사) 사장에 피선되어 출표식(出票式)을 거행하는 날에 이르러서는, 멀고 가까운 곳에서 참석해 온 사람들 수만 명이 계장(契場) 앞뒤 좌우에 늘어서서 인산인해(人山人海)와 다름 없었다.

계하는 장소는 가운데 있어, 여러 임원들이 함께 있는 곳이요, 네 군데 문은 순검(巡檢)이 지키며 보호해 주었다.

그 때 표 뽑는 기계가 고장이 나서 표인(票印) 5, 6개가 한꺼번에 쏟아져 나왔다(표인은 매번 한 개씩 나오는 것이 규칙임).

이것을 본 수만 명이 시비곡직(是非曲直)은 가리지 않고 협잡하였다 하며 고함을 지르고 돌멩이와 몽둥이가 비오듯 했다.

파수하던 순검은 사방으로 흩어져 달아나고, 일반 임원들도 다친 사람들이 수없이 많았다.

저마다 살기 위해서 도망해 가고, 다만 남아 있는 사람은 나 한 사람뿐이었다.

군중들이

"사장을 쳐죽여라."

하고 고함을 지르며, 일제히 몽둥이로 치고, 돌을 던지므로 위급하여 목숨이 경각에 달렸었다.

문득 생각해보니 만일 사장이란 자가 한 번이라도 도망을 간다면, 회사 사무는 다시 돌이킬 여지도 없을 것이요, 더구나 뒷날 명예가 어찌될 것인가 말하지 않아도 알 수 있는 일이었다.

그러나 형세가 다급해져 나는 급히 행장 속에서 총 한 자루를 꺼내어(12연발 나가는 신식 총이었음) 오른손에 들고, 계단(階段) 위로 걸어 올라가, 군중을 향하여 크게 외쳤다.

"왜 이러시오? 왜 이러시오? 잠깐 내 말을 들으시오. 무엇 때문에 나를 죽이려 하오? 당신들이 시비곡직도 가리지 않고 소란을 피우고 난동을 부리니 세상에 어찌 이같은 야만의 행동이 있을 수 있소.

그대들이 비록 나를 해치려하지마는 나는 죄가 없소.

어찌 까닭없이 목숨을 버릴 수 있을 것이오. 나는 결코 죄없이 죽지는 않을 것이오.

만일 나와 더불어 목숨을 겨룰 자가 있으면, 당당히 앞으로 나서시오!"

이렇게 타이르자, 군중들이 모두 겁을 집어먹고 물러나 흩어지고, 다시는 더 떠드는 자가 없어졌다.

이윽고 한 사람이 밖으로부터 수만 명이 에워싼 위를 뛰어 넘어 오는데, 빠르기가 나는새와 같았다. 그가 내 앞에 다가서더니 나를 가리키며 꾸짖었다.

"너는 사장이 되어 가지고, 수만 명을 청해다 놓고는 이렇게 사람을 죽이려는 것이냐?"

문득 그 사람됨을 보니, 신체가 건장하고 기골이 청수하며 목소리도 우렁차서, 과연 일대 영웅이라 할 만했다. 나는 단 아래로 내려와 그의 손목을 쥐고 경례하며 말했다.

"형씨! 형씨! 노여워 말고 내 말을 들으시오. 지금 사태가 이렇게 된 것은 내 본의가 아니오. 일의 경우가 이러이러했던 것인데 난동 부리는 무리들이 공연히 소란을 일으켰던 것이오. 다행히 형씨가 내 위태로운 목숨을 살려준 것이오. 옛 글에 죄 없는 한 사람을 죽이면 그 앙화(殃禍)가 천세에 미치고, 죄 없는 사람 하나를 살려주면 그 음덕의 영화(榮華)가 만대에 미친다 했소.

성인이라야 능히 성인을 알고, 영웅이라야 능히 영웅과 사귈 수 있는 것이오. 형과 내가 이로부터 백년의 교분을 짓는 것이 어떠하오?"

"좋소."

하고는, 그는 군중을 향하여 큰 소리로 말했다.

"사장은 도무지 죄가 없소. 만일 사장을 해치려는 자가 있으면, 나는 주먹으로 때려죽여 버리고 말 것이오."

그리고 나서는 두 손으로 군중을 헤치고 나가는데 마치 물결과 같아 사람들이 무너져 흩어지는 것이었다.

나는 비로소 마음을 놓고, 다시 단 위로 올라가 큰 소리로 군중들을 불러모아 안정시킨 뒤에 타일러 설명하였다.

"오늘 있은 일들은 이렇고 저렇고 간에 별로 허물 될 것이 없고, 공교롭게도 기계 고장으로 생긴 일이니, 원컨대 여러분들도 용서해 주는 것이 어떠하오."

나는 다시 말하였다.

"그러면 오늘 출표식 거행하는 것을 미망히 시종여일하게 한 다음에라야 남의 웃음거리를 면할 것이오. 그러니 속히 다시 거행하여 끝을 내는 것이 어떠합니까?"

그러자 군중들이 모두 손뼉을 치며 응낙하였으므로 마침내 식을 계속 거행하여 무사히 끝마치고 헤어졌다.

그 때 그 은인과 성명을 통했더니, 성은 허씨(許氏)요, 이름은 봉(鳳)이요, 함경북도 사람이었다.

나는 그의 큰 은혜에 감사한 다음에 형제의 의를 맺고 술상을 차리고 연락했는데 그는 독한 술을 백여 잔을 먹고도 조금도 취한 빛이 없었다.

또 그의 팔 힘을 시험해 보았더니, 개암나무 열매[榛子]와

잣[松實] 수십 개를 손바닥에 놓고 두 손바닥을 맞대고 가니 마치 맷돌로 눌러 간 듯이 으깨어져서 가루가 되므로 보는 이들이 놀라지 않는 이가 없었다.

또 다른 재주가 한 가지 있었는데, 두 팔을 등 뒤로 돌려 기둥을 안은 뒤에 밧줄로 두 손을 세게 묶으니, 기둥이 저절로 두 팔 사이에 있어, 몸뚱이가 기둥과 일체가 된 것 같아, 손을 묶은 밧줄을 풀지 않고는 도저히 몸을 빼낼 도리가 없이 되었다.

그렇게 해놓은 뒤에, 여러 사람들이 둘러서서 보는 동안, 일분 사이에 돌아보니 두 팔을 세게 묶은 밧줄은 그대로 있어 조금도 변함이 없는데, 기둥을 두 팔 사이에서 뽑아, 전과 같이 우뚝 서니, 그것은 그 몸이 기둥에 걸리지 않고 빠져나온 것이었다.

보는 이들이 모두들 탄복하며 말하였다.

"주량(酒量)은 이태백(李太白)보다 낫고, 힘은 항우(項羽)에 모자라지 않고, 술법은 좌좌(佐左)에 비길 만하다."

몇 날 동안 같이 즐기다가 서로 헤어진 뒤로 지금껏 몇 해 동안이나 그가 어떻게 되었는지 알지 못한다.

5. 증인으로 문란한 검사에 항거

그 무렵 두 가지 사건이 있었다.

한 가지는 옹진(甕津)군민이 돈 5천 냥을 한성에 사는 전 참판(前參判) 김중환(金仲煥)에게 뺏긴 일이다. 또 한 가지는 이경주(李景周)의 일이다. 그는 본적이 평안도 영유군(永柔郡) 사람으로 직업은 의사인데, 황해도 해주부(海州府)에 와 살면서, 유수길(柳秀吉: 본시 천인이요 부자였음)의 딸과 결혼하여 몇 년 동안 같이 지내는 동안 딸 하나를 낳았다. 수길은 이씨에게 집과 전답과 재산과 노비들을 많이 나누어주었다.

그때 해주부 지방 대병영(地方隊兵營) 위관(尉官) 한원교(韓元校)라는 자가, 이씨가 상경한 틈을 타서 그 아내를 꾀어내어 산봉하고, 수길을 위협하여 그 집과 세간살이를 뺏은 뒤에 그 집에 버젓이 살고 있었다.

그 때 이씨가 그 소문을 듣고 한성으로부터 본가로 돌아왔다. 그러나 한가가 병정을 시켜 이씨를 구타하여 내어쫓으니 머리가 깨어지고 유혈이 낭자하여 눈으로 차마 보기 어려웠다.

그러나 이경주는 타향에서 외로운 처지라 형세를 어찌할

길이 없어서, 겨우 도망하여 목숨을 부지한 뒤에, 곧 상경하여 육군법원에 호소하고 한가와 더불어 재판을 7, 8차례나 했다. 그렇지만 한원교는 벼슬만 면직되었을 뿐, 이씨는 아내와 가산을 되찾지 못했다(그것은 한가가 세력이 있었기 때문이었음). 게다가 한가는 그 여인과 함께 가산을 거두어 가지고 상경하여 살고 있었다.

그때 옹진군민이나 이씨가 모두 교회에 다니던 사람들이라, 내가 대표로 뽑혀 두 사람들과 함께 상경하여 두 가지 일에 관여하게 되었다.

먼저 김중환을 찾아가 보았더니, 귀한 손님들이 한방 가득히 앉았는데, 주인과 서로 인사하고 성명을 통한 뒤에 자리를 잡고 앉았다.

김중환이 먼저 물었다.

"무슨 일로 찾아 왔는가?"

"나는 본시 시골에 사는 어리석은 백성이라 세상 규칙이나 법률을 잘 모르므로 문의하러 찾아 왔습니다."

"무슨 일을 물으러 왔는가?"

"만일 한성에 있는 한 대관(大官)이 시골 백성의 재산 몇천 냥을 억지로 뺏고 돌려주지 않는다면, 그것은 무슨 법률로 다스릴 수가 있습니까."

김은 잠자코 한참 있다가 말하였다.

"그것이 내게 관계된 일이나 아닌지."

"그렇습니다. 공(公)께서는 무슨 연고로 옹진군민의 재산

5천 냥을 억지로 뺏고는 갚아 주지 않는 것입니까."

"나는 지금은 돈이 없어 갚지 못하겠고 뒷날 갚도록 할 생각일세."

"그럴 수 없습니다. 이같은 고대광실에 많은 물건들을 풍부히 갖추어 놓고 살면서, 5천 냥이 없다고 한다면 어느 누가 믿을 것입니까."

이렇게 서로 문답하고 있었다.

그 동안, 옆에서 듣고 있던 한 관원이 큰 소리로 나를 꾸짖으며 이렇게 말하였다.

"김참판께서는 연세가 높은 대관이요, 그대는 나이 젊은 시골 백성인데, 어디서 감히 이 같은 불공한 말을 할 수 있는가."

나는 웃으며 물어보았다.

"공은 누구시오."

"내 성명은 정명섭(丁明燮)일세"(당시 한성부 재판소 검사관) 하고 그는 대답했다.

나는 다시 말하였다.

"공은 옛글을 읽지 못했소? 예로부터 지금까지 어진 임금과 훌륭한 재상은 백성을 하늘처럼 알았고, 어두운 임금과 탐관들은 백성을 밥처럼 알았소. 그러기 때문에 백성이 부하면 나라가 부하고, 백성이 약하면 나라가 약해지는 것이오. 이처럼 어지러운 시대에, 공들은 국가를 보필하는 신하로서 임금의 거룩한 뜻을 받들지 못하고, 이같이 백성을 학대하니 어찌 국가의 앞길이 통탄스럽지 아니하겠소. 하물며 지금 이 방은 재판소가 아니오. 공이 만일 5천 냥을 돌려줄 의무가 있다면, 나와 같이 이야기해 봅시다."

그랬더니 정가가 아무 대꾸도 하지 못하였다.

"두 분이 서로 힐난할 것이 없네. 내가 며칠 뒤에 5천 냥을 갚아 주겠으니 그대는 너그러이 용서하게."

이렇게 말하며 김중환이 네다섯 번이나 애걸하는 형편이므로 어쩔 수 없이 날짜를 한정하고 물러 나왔다.

그때 이경주가 한원교의 주소를 알아내어 상의하였다.

"한가는 세력가이므로 법관에서 부르면 무슨 핑계를 대고 도망가기 때문에 잡아다가 공판을 할 수 없을 것이오. 그러므로 우리들이 먼저 가서 한가 부처를 잡은 뒤에 같이 법정으로 가서 공판을 받도록 합시다."

그리고 이씨가 동지 몇 사람과 함께 한가의 집으로 가서 뒤져보았다. 그러나 한가부처가 미리 눈치를 채고 피해버렸기 때문에 잡아내지 못하고 그냥 돌아왔다.

그런데 한가는 도리어 한성부(漢城府)에다 무고로 고소하였다.

"이경주가 본인의 집에 와서, 안뜰까지 들어와 늙은 어머님을 구타하였습니다."

그래서 한성부에서는 이경주를 잡아가서 검사 있는 자리에서 증인이 있냐고 묻자, 이씨는 내 이름을 대어 나도 역시 붙들려 가서 문초를 받게 되었다. 그런데 검찰소(檢察所)에 이르러 보니 검사관이 바로 정명섭이었다.

정씨가 나를 보자 얼굴에 성난 기색이 역력하게 나타났다. 나는 속으로 몰래 웃으며 오늘은 반드시 정가에게 전일 다툰 보복을 받겠구나(김중환의 집에서 서로 다툰 혐의로), 그러나 죄 없는 나를 누가 해칠 수 있을 것이냐, 하고 생각하였다.

그러자 검사가 내게 물어보았다.

"네가 이가와 한가 두 사람의 일을 증거해 아느냐?"

"그렇다."

"무엇 때문에 한가의 어머니를 때렸느냐?"

"그렇지 않다. 처음부터 그런 행동을 한 일이 없다. 그야말로 내가 하고 싶지 않은 일을 남에게 하지 말라는 말 그대로, 어찌 남의 늙은 어머니를 때릴 리가 있겠는가."

그는 또 물었다.

"그러면 무엇 때문에 남의 집 안뜰에까지 돌입해 들어갔는가."

"나는 본디 남의 집 안뜰에 들어간 일이 없다. 다만 이경주의 집 안뜰에 출입한 일은 있다."

"어째서 이경주의 집 안뜰이라 하는가?"

"그 집은 이경주의 돈으로 산 집이요, 방 안에 있는 살림살이도 모두 이경주가 전일 가지고 쓰던 것이요, 노비들도 역시 이경주가 부리던 노비요, 그 아내도 바로 이경주가 사랑하던 아내이니 그것이 이경주의 집이 아니고 누구 집이겠는가?"

검사는 묵묵히 말이 없었다.

그러자 문득 보니 한원교가 내 앞에 서 있기에 급히 한가를 불러 말하였다.

"한가야! 너는 내 말을 들어보아라. 무릇 군인이란 국가의 중대한 임무를 맡고 있는 사람이다. 그래서 충의의 마음을 배양하여 외적을 방어하고 강토를 지키며, 백성을 보호하는 것이 당당한 군인의 직분인 것이다. 그런데 너는 하물며 위관(尉官)이 되어 어진 백성의 아내를 강제로 뺏고, 재산을 토색질하며 그 세력만 믿고서 꺼리는 바가 없으니, 만일 한성에 너 같은 도둑놈이 많이 산다면, 다만 한성놈들만이 자식 낳고, 손자 낳고, 집을 보전하고, 생업에 전념할 따름이요, 저 시골 약한 백성들은 그 아내, 그 재산을 모두 한성놈들한테 뺏기고 말 것 아니냐. 세상에 어찌 백성 없는 나라가 있느냐. 너같은 한성놈은 만번 죽어도 아깝지 않다."

그런데, 미처 말이 끝나기도 전에, 검사가 책상을 치면서 큰 소리로 꾸짖으며 말하는 것이었다.

"이놈!(욕을 했다) 한성놈들 한성놈들 하는데, 한성이 어떤 이가 사는 곳이기에 네가 감히 그런 말을 하는 것이냐?"

나는 웃으며 대답하였다.

"공은 무엇 때문에 그렇게 화를 내시오? 내가 말한 것은 한원교를 두고, 너같은 도둑놈이 한성에 많이 있다면 다만 한성놈들만이 생명을 보전할 것이요, 시골 백성은 모두 죽을 것이라고 한 말이다. 만일 한가 같은 놈이라면 당연히 그 욕을 받아야 하겠지만, 한가 같지 않은 사람이야 무슨 상관이 있을 것인가. 공이 잘못 듣고 오해한 것이다."

정명섭이 다시 말하였다.

"네 말은 그릇된 것을 꾸며대는 말이다."

그래서 나는 다시 대답하였다.

"그렇지 않다. 좋은 말로 그릇된 것을 꾸며댈 수도 있지마는, 아무런들 물을 가리켜 불이라 한들 누가 그것을 믿을 것인가?"

그랬더니, 검사도 대답하지 못했다.

그리고는 하인을 시켜 이경주를 감옥에 가둔 뒤에,

"너도 잡아 가두겠다"

하였다.

나는 노하여 말하였다.

"어째서 나를 가둔다는 말인가. 오늘 내가 여기 온 것은 다만 증인으로 불려온 것이지, 피고로 붙들려 온 것이 아니다. 더구나 천만 조항의 법률이 있다고 해도 죄 없는 사람 잡아 가두라는 법은 없을 것이요, 또 비록 감옥이 백천 칸이나 있다 해도 죄없는 사람 가두는 감옥은 없을 것이다. 오늘과 같은 문명시대를 맞이하여, 그대가 어찌 감히 사사로이 야만의 법률을 쓸 수 있는가?"

말을 마치고, 활발하게 앞을 향해서 문 밖으로 나와 여관으로 돌아왔다. 검사도 아무런 이야기가 없었다.

6. 대한제국의 혼란기

 그때 고향집에서 편지가 왔다. 아버지 병환이 위중하다고 했다. 급히 돌아가고 싶은 마음에 곧장 행장을 차려 가지고 육로로 떠났다.
 시절이 한겨울 추운 때라, 온 세상은 흰 눈에 덮이고 하늘에는 찬바람이 불어닥쳤다.
 독립문 밖을 지나면서 돌이켜 생각해 보니 간담이 찢어지는 것만 같았다. 친구가 죄도 없이 감옥에 갇혀 풀려나지 못하고 겨울날 차가운 감옥 속에서 어찌 그 고생을 견딜까 싶어서였다.
 더구나 어느 날에나 저같이 악한 정부를 한 주먹으로 두들겨 개혁한 뒤에, 난신적자(亂臣賊子)들을 쓸어버리고 당당한 문명 독립국을 이루어, 명쾌하게도 민권(民權) 자유를 얻을 수 있겠는가. 생각이 거기에 미치자, 피눈물이 솟아올라 참으로 발걸음을 옮겨 놓을 수가 없었다.
 그러나 어찌할 길이 없어, 죽장망혜(竹杖芒鞋:대지팡이와 짚신. 즉 먼 길을 떠날 때 간편한 차림새를 이름)로 혼자 천리길을 걸어가는데, 중도에서 마침 이웃 고을 친구 이성룡(李成龍)을 만났다.

이씨는 말을 타고 오다가 나를 보고 말을 걸었다.

"잘 만났네. 서로 길동무가 되어 같이 고향으로 돌아가면 참 좋겠네."

"한 사람은 말을 타고 가고, 한 사람은 걸어가는데, 어찌 동행이 되겠는가?"

"그렇지 않네. 이 말은 한성에서부터 값을 정하고 세를 낸 말인데, 추운 날씨라 말을 오래 탈 수는 없네. 자네랑 몇 시간마다 타고 걷는 것을 서로 바꾼다면, 길도 빠르고, 심심치도 않겠네. 그러니 사양 말고 타게."

하고 이씨가 말하였다.

그리고는 서로 길동무가 되어, 며칠 뒤에 연안읍(延安邑)에 이르렀다. 그 지방에서는 그해 날이 가물고 비가 안 와서 흉년이 들었다.

그때 나는 말을 타고 이씨는 뒤따라 걸어오는데, 말을 이끌고 가면서 서로 이야기를 하던 마부가 전선목(電線木:전주를 이름)을 가리키며 욕을 하면서 말하였다.

"이제 외국사람이 전보를 설치한 뒤로는 공중에 있는 전기를 몽땅 거두어다가 전보통 속에 가두어 두었기 때문에 공중에 전기가 전혀 없어져 비가 안 와서 이렇게 흉년이 든 것이오."

나는 웃으며 타일러 말하였다.

"어찌 그럴 리가 있겠는가. 그대는 한성에서 오래 살았다면서 어찌 그렇게 무식하오."

그러자, 말도 채 끝나기 전에 마부는 말채찍으로 내 머리를 두세 번이나 마구 때리며 욕을 퍼붓는 것이었다.

"자네가 어떤 놈이기에 나를 보고 무식한 사람이라고 하는가."

나는 아무리 생각해도 그 까닭을 알 수 없었다.

더구나 그곳이 무인지경이요, 또 그놈의 행동이 그렇게 흉악하기 때문에, 나는 말 위에 앉아서 내려오지도 않고 또 말도 하지 않고 하늘을 쳐다보며 크게 웃을 뿐이었다.

이씨가 애를 써서 마부를 삽고 만류해서 다행히 큰 해를 면하기는 했으나, 내 의관은 온통 엉망진창이 되었다.

이윽고 연안 성중에 이르자, 그곳 친구들이 내 꼴을 보고 놀라 묻기에, 그 까닭을 이야기했다. 그랬더니 모두들 분노하여 마부를 법관에게 말해서 잡아다가 징벌하도록 하자 했다. 그러나 내가 말리며, 친구들에게 말하였다.

"이 녀석은 제 정신을 잃어버린 미친 사람이니 손 댈 것 없이 돌려보내자."

그러자 여러 사람들도 그렇게 하자 하여 무사히 놓아 보내주었다.

고향으로 돌아와 집에 이르러 보니 아버지 병환은 차츰 차도가 있어 몇 달 뒤에는 완전히 회복되었다.

그 뒤에 이경주는 사법관의 억지 법률로 3년 징역에 처해졌다가 1년 뒤에 사면을 받아 풀려 나왔다. 그러자 한원교는 거금을 주고 매수한 송모, 박원교 두 사람을 시켜 이경주를 사람 없는 곳으로 꾀어낸 다음 한원교가 칼을 빼어 이경주를 찔러 죽인 뒤에 달아났다. (슬프다 재물과 계집 때문에 사람의 목숨을 빼앗으니 마땅히 뒷사람이 경계할 일이다.)

그때 사법부에서 범인을 잡으라고 명령을 내려, 송(宋), 박(朴) 두 사람과 그 계집은 법률에 의해서 처형되었으나, 한가는 끝내 잡지 못했으니 통분할 일이요, 이경주는 참혹하게도 영세의 원혼이 되고 말았다.

그 당시, 각 지방에 있는 관리들은 함부로 학정을 하여 백성들의 피와 기름을 빨아, 관리와 백성 사이가 서로 원수처럼 보고 도둑처럼 대했다.

다만 천주교인들은 포악한 명령에 항거하여 토색질을 받지 않았기 때문에 관리들이 교인을 미워하기를 외적(外賊)과 다름없이 하였다. 그런데 저들은 옳고 우리가 잘못되었다 하니, 어찌할 도리가 없었다. (좋은 일에는 마가 많고 고기 한 마리가 바다를 흐리나니 어찌해야 좋을쏜가!)

그 무렵 난동부리는 패들이 교인인 양 칭탁하고 협잡하는 일이 더러 있었기 때문에, 관리들이 이 틈을 타서 정부 고관과 더불어 비밀히 의논하여 교인들을 모함하려고 했다.

황해도에서 교인들의 행패로 인하여 행정 사법을 할 수 없다고 하여, 정부에서는 사핵사(査覈使) 이응익(李應翼)을 특파하였다. 해주부에 이르러서는 순경과 병사들을 각 고을로 파송하여, 천주교의 우두머리되는 이들을 옳고 그르고를 묻지도 않고 모조리 잡아 올리는 통에 교회 안이 크게 어지러워졌다.

나의 아버지를 잡으려고 순경과 병사들이 2, 3차나 왔지만, 끝내 항거하여 잡아가지 못했다.

아버지는 몸을 다른 곳으로 피하였는데, 관리배들의 악행을 통분히 여기며 탄식하면서 말도 못 하고, 밤낮으로 술을 마시는 형편이 되었다. 그러다가 마음 속에 울적하게 일어나는 화가 병이 되어 중병에 걸려, 몇 달 뒤에 고향집으로 돌아왔으나, 치료해도 효험이 없었다. 그때 교회 안의 일은 프랑스 선교사의 보호로 차츰 조용해졌다.

다음해에 무슨 볼일이 있어, 다른 곳에 나갔다가(문화군(文化郡)이었음) 내 아버지가 이창순(李敞淳)의 집에 와 계신다는 말을 들었다(안악(安岳)읍에 가까운 곳이었음).

그래서 곧 그 집으로 갔더니, 아버지는 이미 고향집으로 돌아가셨기에, 친구 이창순과 함께 서로 술을 마시며 이야기를 했다. 그런데 이창순이 이런 이야기를 했다.

"이번에 그대 아버님이 공교롭게 큰 욕을 당하고 돌아갔네."

그래서 나는 깜짝 놀라, 무슨 일이 있었냐고 물었다.

이(李)가 이렇게 대답하는 것이 아닌가.

"그대 아버님이 신병을 치료하러 우리 집에 오셨다가 내 아버지와 함께 안악(安岳)읍에 있는 청국(淸國)의사 서가(敍哥)를 찾아가 진찰을 받은 뒤에 술을 마시며 이야기를 했다네. 그런데 그 청국 의사가 무슨 까닭이었던지 그대 아버지의 가슴과 배를 발로 차서 상처를 입혔다네. 그래서 하인들이 그 청국 의사를 붙들고 때리려 하자, 그때 아버님께서 하인들을 타이르셨다네. 오늘 우리들이 여기 온 것은, 병을 치료하러 의사를 찾아 온 것인데, 만일 의사를 때리면 시비를 물론하고 남의 웃음거리를 면하기 어려울 것이니, 명예를 생각하여 참는 것이 어떤가 하여 모두들 분함을 참고 돌아왔네."

"내 아버지께서는 대인(大人)의 행동을 지켜 그렇게 하셨지만, 나는 자식된 도리로 어찌 참고 그냥 지나칠 수가 있겠는가. 당연히 그곳에 가서 잘 잘못을 자세히 알아본 연후에 법사(法司)에 호소해서 그같이 행패하는 버릇을 고치게 하는 것이 어떤가."

그랬더니 이창순도 그렇게 하자 하여 곧 두 사람이 동행하여 서가를 찾아가 그 사실을 물어보았다.

채 몇 마디 말도 하기 전에, 그 야만 청국인은 벌떡 일어나 칼을 빼어들고 내 머리를 향해 내려치려 하는 것이었다. 나는 깜짝 놀라 급히 일어나, 왼손으로 내리치려는 그놈의 손을 막고, 오른손으로 허리춤에 있는 단총을 찾아 쥐며, 서가의 가슴팍에 대고 쏘려는 것처럼 하자, 서가는 겁을 집어먹고 손을 대지 못했다.

이렇게 할 즈음, 동행한 이창순이 그 위급한 형세를 보고 역시 제가 가진 단총을 뽑아 가지고 공중을 향해서 두 방을 쏘자, 서가는 내가 총을 쏜 줄 알고 크게 놀라고 나도 역시 어찌 된 일인지 몰라 크게 놀랐다.

이창순이 달려와서 서가의 칼을 빼앗아 돌에 쳐서 반으

로 분질렀다. 두 사람이 칼 반 동강씩을 갈라 가지고, 서가의 발 아래로 내던지자, 서가는 땅에 거꾸러졌다.

나는 곧 법관에게 가서 전후 사연을 들어 호소했다. 그러나 법관은 외국인의 일이라 재판할 수가 없다 하였다. 그래서 다시 서가 있는 곳으로 왔으나, 고을 사람들이 모여들어 만류하기 때문에, 서가를 내버려두고 친구 이창순과 함께 각각 집으로 돌아왔다.

그런 일이 있은 지 한 5, 6일이 지난 뒤에, 밤중에 어떤 놈들인지 7, 8인이 이창순의 집에 뛰어들어 그 부친을 마구 때리고 잡아가는 것이었다.

이창순은 바깥방에서 자다가, 화적(火賊)놈들이 쳐들어온 줄 알고, 손에 단총을 뽑아들고 뒤쫓았다. 그랬더니 그놈들도 이창순을 향하여 총을 쏘는지라, 이창순도 역시 총을 쏘며 죽기살기로 돌격하자, 놈들은 이창순의 부친을 버리고 도망쳐 버리고 말았다.

이튿날 자세히 알고 보니 서가가 진남포 청국 영사에게 호소해서 청국 순사 2명과 한국 순검 2명을 안가(安哥)에게로 파송하여 잡아오라고 지령했는데, 그들이 안가의 집으로 가지 않고 그같이 공연히 이창순의 집으로 침입했던 것이다.

이같은 편지가 오기에, 나는 곧 길을 떠나 진남포로 가서 알아보았다. 그랬더니 청국 영사는 그 일을 한성에 있는 공사(公使)에게 보고하여 한국 외부(外部)에 조회할 것이라 하였다. 그래서 나는 즉시 한성으로 가서, 그 전후사실을 들어 외부에 청원했다. 그랬더니 다행히 진남포 재판소에 환부하여 재판을 받도록 판결이 되어, 서가와 더불어 공판을 받게 되었다. 그때, 서가의 전후 만행이 나타나자 서(敍)는 그르고 안(安)은 옳다는 것으로 판결이 끝을 보게 되었다.

뒤에 어떤 청국사람 소개로 서가와 같이 만나, 피차에 사과하고 평화를 유지하게 되었다.

그 동안에 나는 홍 신부와 크게 다툰 일이 있었다. 홍 신부는 언제나 교인들을 압제하는 폐단이 있었기 때문에 나는 여러 교인들과 상의하였다.

"거룩한 교회 안에서 어찌 이같은 도리가 있을 수 있겠는가. 우리들이 당연히 한성에 가서 민 주교(閔主敎)에게 청원하고, 만일 민 주교가 안 들어주면 당연히 로마(羅馬) 교황(敎皇)에게 가서 품해서라도, 기어이 이리한 폐습은 막도록 하는 것이 어떻소."

그러자 모두들 그대로 따르기로 했다.

그때 홍 신부가 이 말을 듣고, 크게 성이 나서, 나를 무수히 치고 때렸기 때문에 나도 분하기는 했으나, 그 욕스러움을 참았다.

그랬더니 뒤에 홍 신부가 나를 타이르며 말하였다.

"잠시 성을 낸 것은 육정(肉情)으로 한 일이라 회개할 것이니, 서로 용서하는 것이 어떤가."

그래서 나도 역시 감사하다 하고, 전날의 우정을 다시 찾아 서로 좋게 지내게 되었다.

7. 을사보호조약의 비분을 삭이며

세월이 가서 1905년 을사(乙巳)년이 되었다.

인천(仁川) 항만에서 일본과 러시아 두 나라가 대포소리를 크게 울리며 동양의 일대 문제가 터졌다는 통신이 들어왔다.

홍 신부는 한탄하면서 말하였다.

"한국이 장차 위태롭게 되었다."

"왜 그러합니까."

하고 물었더니 홍 신부는 이렇게 말하였다.

"러시아가 이기면 러시아가 한국을 주장하게 될 것이요, 일본이 이기면 일본이 한국을 관할(管轄)하러 들 것이니 어찌 위태롭지 않겠는가?"

그때 나는 날마다 신문과 잡지와 각국의 역사를 상고(尙古)하며 읽고 있었기에, 이미 지나간 과거나, 현재나, 미래의 일들을 추측하고 있었다.

러·일전쟁이 강화(講和)로 끝난 뒤에, 이토 히로부미(伊藤博文)가 한국으로 건너와 정부를 위협하여 5조약을 강제로 맺어, 3천리 강산과 2천만 인심을 뒤흔들어 바늘방석에 앉은 것같이 되었다.

한복 차림의 이토 히로부미—이토는 통감시절(1906~1909) 한복을 입어 보이는 등 갖은 능청을 떨었다. 오른쪽은 반역자 이지용.

그때 아버지께서는 심신의 울분으로 병이 더욱 숭하게 되었다. 나는 아버지와 비밀히 상의하였다.

"일본과 러시아가 개전했을 때, 일본이 전쟁을 선포하는 글 가운데, 동양의 평화를 유지하고, 한국의 독립을 굳건히 하겠다고 했었습니다. 그러나 이제 일본이 그같은 대의(大義)를 지키지 않고, 야심적인 책략을 자행하고 있는데, 그것은 모두 일본의 대정치가인 이토의 정략(政略)입니다.

먼저 강제로 조약을 정하고, 다음으로 뜻있는 사람들의 모임을 없앤 뒤에 강토를 삼키려는 것이, 나라 망치는 지금의 새 법입니다.

그러므로 만일 속히 계획을 세우지 않으면 큰 화를 면하

7. 을사보호조약의 비분을 삭이며

기 어려울 것인데, 어찌 손을 마주 쥐고 아무 방책도 없이 앉아서 죽기를 기다리겠습니까.

그러나 이제 의거를 일으켜 이토의 정책에 반대한들 강약이 같지 않으니 부질없이 죽을 뿐, 아무 이익이 없을 것입니다.

현재 듣기에 청국 산뚱(山東)과 상하이(上海) 등지에 한국인이 많이 살고 있다고 하니, 우리 집안도 모두 그곳으로 옮겨가 살다가, 선후 방책을 도모하는 것이 어떻겠습니까.

그러면 제가 먼저 그곳으로 가서 살펴본 뒤에 돌아올 것이니, 아버지께서는 그 동안에 비밀히 짐을 꾸린 뒤에 식구들을 데리고 진남포로 가서 기다리시다가, 제가 돌아오는 날 다시 의논해서 행하도록 하십시다."

부자간의 계획은 정해졌다.

나는 곧 길을 떠나 산뚱 등지를 두루 다녀본 뒤에, 상하이에 이르러 민영익(閔泳翼)을 찾았더니, 문지기 하인이 문을 닫고 들여보내지 않으면서 말했다.

"대감은 한국인을 만나지 아니하오."

하므로 그 날은 그냥 돌아왔다.

다음 날 두세 번 더 찾았으나 역시 전일과 같이 만나는 것을 허락하지 않으므로 나는 크게 꾸짖어 말했다.

"그대는 한국인이 되어 가지고 한국 사람을 만나지 않는다면 어느 나라 사람을 만나는 것인가. 더욱이 그대는 한국에서 여러 대를 국록(國祿)을 먹은 신하로서, 이같이 어려운 때를 만나, 전혀 사람 사랑하는 마음이 없이 베개를 높이하고 편안히 누워 조국의 흥망을 잊어버리고 있으니, 세상에 어찌 이 같은 도리가 있을 수 있는가.

오늘날 나라가 위급해진 것은, 그 죄가 전적으로 그대들과 같은 대관들한테 있는 것이오. 민족의 허물에 달린 것이 아니기 때문에 얼굴이 부끄러워서 만나지 않는 것인가."
하고 한참 동안 욕을 퍼붓고는 돌아와 다시 더 찾지 않았다.

그 뒤에 서상근(徐相根)이란 이를 찾아가서 만나 이야기하였다.

"지금 한국의 형세가 위태롭기가 조석지간에 있으니 어찌하면 좋겠소. 무슨 좋은 계책이 없겠소?"

그러자, 서(徐)가 대답하였다.

"한국의 일을 나에게는 말하지 마시오. 나는 일개 장사치로서 수십만 원 재정을 정부 고관에게 뺏기고 이렇게 몸을 피해서 여기 와 있는 것이오. 더구나 국가정치가 백성들에게야 무슨 관계가 있을 것이오."

그래서, 나는 웃으며 말하였다.

"그렇지 않소. 그대는 다만 그 하나만 알고 둘은 모르는 셈이오. 만일 백성이 없다면 나라가 어디 있을 것이오. 더구나 나라란 몇몇 대관들의 나라가 아니라 당당한 2천만 민족의 나라인데, 만일 국민이 국민된 의무를 행하지 않고서 어찌 민권(民權)과 자유를 얻을 수 있을 것이오. 그리고 지금은 민족의 세계인데, 어째서 홀로 한국민족만이 남의 밥이 되어, 앉아서 멸망하기를 기다리는 것이 옳겠소?"

그러자, 서(徐)가 대답하였다.

"공의 말이 그렇기는 하나, 나는 다만 장사로써 입에 풀칠만 하면 그만이니, 다시는 정치이야길랑 하지 마오."

두번, 세번 의논을 해 보았으나 전혀 응낙이 없었다. 그야말로 소귀에 경 읽기와 마찬가지라, 하늘을 우러러 탄식하며 스스로 생각하였다.

'우리 한국 사람들의 뜻이 모두 이와 같으니 나라의 앞길이 말하지 않아도 알 수 있겠다.'

여관으로 돌아와 침상에 누워, 이런 생각 저런 생각에 감개한 정회를 참을 길이 없었다.

어느 날 아침 천주교당에 가서, 한참 동안 기도를 드린 다음, 문 밖으로 나와 바라볼 즈음에 언뜻 신부(神父) 한 분이 앞길을 지나가다가 고개를 돌려 나를 보는데, 서로 보고 같이 놀라며

"네가 어째서 여기 왔느냐."

하고 손을 잡고 서로 인사하니, 그는 바로 곽(郭)신부였다(이 신부는 프랑스 사람으로서 여러 해 동안 한국에 와 머물며 황해도 지방에서 전도하고 있었기 때문에 나와 절친한 사이였고, 이제 홍콩[香港]으로부터 한국에 돌아가는 길이었음). 그야말로 참말 꿈만 같았다. 우리 두 사람은 같이 여관으로 돌아와 이야기를 시작했다.

"네가 여기를 왜 왔느냐."

하고 곽 신부가 재차 물어보았다.

"선생께서는 지금 한국의 비참한 꼴을 듣지 못했습니까?"

곽 신부가 대답했다.

"이미 오래 전에 들었지."

그러므로 나는 이렇게 말하였다.

"현 상황이 그와 같으니 어떻게 할 도리가 없어, 부득이 가족들을 외국으로 옮겨다가 살게 해놓겠습니다. 그런 다음에, 외국에 있는 동포들과 연락하여 여러 나라로 돌아다니며 억울한 정상을 설명하고 공감을 얻은 뒤에 기회가 오기를 기다려서 한번 의거를 일으키면 어찌 목적을 이루지 못하겠소."

그랬더니, 곽 신부는 아무 말 없이 한참 있다가 대답하였다.

"나는 종교가요 전도사(傳道師)라, 전혀 정치계에 관계가 없기는 하다마는 지금 네 말을 듣고는 느꺼운 정을 이길 수가 없구나. 너를 위해서 한 가지 방법을 일러 줄 것이니, 만일 이지에 맞거든 그대로 하고, 그렇지 못하거든 뜻대로 하라."

"그 계획을 듣고 싶습니다."

"네가 하는 말도 그럴듯 하지만, 그것은 다만 하나만 알고 둘은 모르는 말이다. 가족을 외국으로 옮긴다는 것은 그릇된 계획이다. 만약 2천만 민족이 모두 너같이 한다면 나라 안이 온통 빌 것이니, 그것은 곧 원수가 원하는 바를 이루어주는 것이다. 우리 프랑스가 독일과 싸울 적에 두 지방을 비워 준 것은 너도 알 것이다.

지금껏 40년 동안에 그 땅을 회복할 기회가 두어 번이나 있었지마는 그 곳에 있던 뜻있는 사람들이 온통 외국으로 피해 갔기 때문에 그 목적을 달성치 못했으니 그것으로써 본보기를 삼아야 할 것이다.

또 해외에 있는 동포들로 말하면 국내 동포에 비해서 그 사상이 배나 더하여 서로 모의하지 않아도 같이 일할 수 있으니 걱정할 것이 없다. 그러나 열강 여러 나라의 움직임으로 말하면 혹시 네가 말하는 억울한 설명을 듣고서는 모두 가엾다고 하기는 할 것이나, 그렇다고 반드시 한국을 위하여 군사를 일으켜 성토하지는 않을 것이 분명하다.

이제 각국이 이미 한국의 참상을 알고 있기는 하나 각각 제 나라 일에 바빠서 전혀 남의 나라를 돌봐 줄 겨를이 없다. 그러나 만일 뒷날 운이 이르러 때가 오면 혹시 일본의 불법 행위를 성토할 기회가 있을 것이나 오늘 네가 하는 설명은 별로 효과가 없을 것이다. 옛 글에 일렀으되 '스스로 돕는 자를 하늘이 돕는다' 했으니, 너는 속히 본국으로 돌아가서, 먼저 네가 할 일을 하도록 해라.

첫째는 교육의 발달이요

둘째는 사회의 확장이요

셋째는 민심의 단합이요

넷째는 실력의 양성이니,

이 네 가지를 확실히 성취시키기만 하면 2천만의 정신(마음)의 힘이 반석과 같이 든든해져서 비록 천만문(千萬門)의 대포를 가지고서도 능히 공격하여 깨뜨릴 수가 없을 것이다.

이른바 한 지아비의 마음도 뺏지 못한다고 하거늘, 하물

진남포—안 의사가 삼흥학교와 돈의학교를 세우고 나라를 구할 인재를 양성했던 진남포(鎭南浦)전경.

며 2천만 사람의 정신의 힘이겠는가.

그렇게 하면 강토를 빼앗겼다는 것도 형식상으로 된 것일 뿐이요, 조약을 강제로 맺었다는 것도 종이 위에 적힌 빈 문서라 허사로 돌아가고 말 것이다.

그같이 하는 날에라야 거침없이 사업을 이루고 반드시 목적을 달성할 수 있을 것이다. 이 방책은 만국에서 두루 통하는 예이므로 권유하는 것이니, 잘 헤아려 보라."

그 말을 다 들은 뒤에 나는 대답하였다.

"신부님 말씀이 옳습니다. 그대로 따르겠습니다."

그리고 곧 행장을 꾸려, 기선을 타고 나는 진남포로 돌아왔다.

1905년 12월 상하이로부터 진남포로 돌아와 집안소식을 알아 보았다. 그 동안에 가족들이 이미 청계동(淸溪洞)을 떠나 진남포에 도착했는데, 다만 아버지께서 중도에 병세가 더욱 중해져서 마침내 세상을 떠나셨기 때문에 가족들은 아버지의 영구를 모시고 청계동으로 다시 돌아가 장례를 모셨다고 한다.

나는 이 말을 듣고 통곡하며 몇 번이나 까무러쳤다.

다음 날 길을 떠나 청계동에 이르러 상청(喪廳)을 차리고 재계(齋戒)를 지키기 며칠 뒤에 상례를 마치고서, 가족들과 함께 그해 겨울을 났다.

그때 나는 술을 끊기로 맹세를 했고, 대한 독립하는 날까지로 그 기한을 정했다.

8. 학교를 설립, 인재 양성에 전력

　다음해(1906년) 봄 3월에 가족들을 데리고 청계동을 떠나 진남포로 이사해 살게 되었다. 양옥 한 채를 지어, 살림을 안정시킨 뒤에, 집 재산을 기울여 두 곳에 학교를 세웠다.
　하나는 삼흥학교(三興學校)요, 또 하나는 돈의학교(敦義學校)로서, 교무(校務)를 맡아 재주가 뛰어난 청년들을 교육했다.
　그 다음해(1907년) 봄에, 어떤 분이 나를 찾아 왔는데 그의 기상을 살펴보니 위풍이 당당하여 자못 도인(道人)의 풍모가 있었다.
　통성명을 해보니 그는 김진사(金進士)라 했다.
　"나는 본시 그대 부친과 교분이 두터운 사람이라 특별히 찾아온 걸세."
　"선생께서 멀리서부터 일부러 찾아주셨으니 무슨 좋은 말씀을 해주시겠습니까?"
　"그대의 기개를 가지고 지금 이같이 나라 정세가 위태롭게 된 때에, 어찌 앉아서 죽기를 기다리려 하는가?"
　그러므로 나는 물어보았다.
　"무슨 계책이 있겠습니까?"

그랬더니, 그가 다시 말하였다.

"지금 백두산 뒤에 있는, 서북 간도(墾島)와 러시아 영토인 블라디보스토크(海蔘威) 등지에 한국인 백만여 명이 살고 있는데, 물산이 풍부하여 과연 한번 활동할 만한 곳이 될 수 있네. 그러니 그대 재주로 그곳에 가면 뒷날 반드시 큰 사업을 이룰 것일세."

"꼭 가르치시는 대로 지키겠습니다."

이렇게 서로 말을 마치고는 작별하고 돌아갔다.

그 무렵 나는 재정을 마련해볼 계획으로 평양(平壤)으로 가서, 석탄광을 캤다. 그러나, 일본인의 방해로 인하여 아까운 돈 수천 원만 손해를 보았다.

또한 그때 한국 국민들이 국채보상회(國債報償會)를 발기하여 군중들이 모여서 회의를 하게 되었는데, 일본 별순사(別巡査) 1명이 와서 조사하며 물었다.

"회원은 얼마이며 재정은 얼마나 거두었는가?"

나는 대답하였다.

"회원은 2천만 명이요, 재정은 1천 3백만 원을 거둔 다음에 보상하려 한다."

일본인은 욕을 하면서 말하였다.

"한국인은 하등인간들인데 무슨 일을 할 수 있을 것인가?"

나는 다시 말하였다.

"빚을 진 사람은 빚을 갚는 것이요, 빚을 준 사람은 빚을 받는 것인데 무슨 불미한 일이 있어서 그같이 질투하고 욕

을사보호조약체결—일본군의 완전포위 속에 이토와 매국 5적 사이에 보호조약이 체결되었다(1905년 11월 17일 새벽 2시, 덕수궁 중명전). 이후 연이어 정미 7조약과 한일합방 조인이 이루어졌다.

질을 하는 것인가?"

그랬더니, 그 일본인은 성을 내면서 나를 치며 달려들었다.

"이같이 까닭 없이 욕을 본다면 대한 2천만 민족이 장차 큰 압제를 면하기 어려울 것이다. 어찌 나라의 수치를 달게 받을 수 있을 것이냐."

하고, 발분하여 서로 같이 치기를 무수히 하였다. 곁에 있던 사람들이 애써 말려 끝을 내고 모두들 헤어졌다.

그때(1907년) 이토 히로부미(伊藤博文)가 한국에 와서 7조약을 강제로 맺고, 광무(光武)황제를 폐했으며, 병정들을 해산시켰다. 그러자, 2천만 국민이 일제히 분발하여, 의병들이 곳곳에서 벌떼처럼 일어나 3천리 강산에 대포 소리가 크게 울렸다.

그때 나는 급급히 행장을 차려서, 가족들과 이별하고 북간도(北間島)로 향하였다. 그런데 거기에 도착해 보니 그곳에

을사보호조약에 가담한 매국 5적들—농상대신 권중현, 외부대신 박제순, 내부대신 이지용, 군부대신 이근택, 학부대신 이완용.(위 좌로부터 시계방향임.)

도 또한 일본 병정들이 막 와서 주둔하고 있어서, 도무지 발붙일 곳이 없었다.

그래서 서너 달 동안 각 지방을 시찰한 다음, 다시 그곳을 떠나, 러시아 영토로 들어가 엔치야(烟秋)란 곳을 지나, 블라디보스토크(海蔘威)에 이르렀다. 그 항구 도시에는 한국인이 4, 5천 명이나 살고 있었고, 학교도 두어 군데 있으며 또 청년회도 있었다.

나는 청년회에 가담해서 임시 사찰(臨時査察)에 뽑혔다.

하루는 어떤 사람이 허락도 없이 사담(私談)을 하기로 내가 규칙에 따라 금지시켰더니, 그 사람이 화를 내며 내 뺨을 몇 차례나 때렸다. 그러자 여러 사람이 만류하며 화해하도록 권하는 것이었다. 나는 웃으면서 그 사람더러 이렇게 일렀다.

"오늘날 이른바 사회란 것은, 여러 사람의 힘을 모아 이루어지는 것으로, 여러 사람의 의견으로 그 주장을 삼는 것인데, 이 같이 서로 다투면 어찌 남의 웃음거리가 아니겠는가. 옳고 그르고는 물을 것 없고 서로 화목하는 것이 어떤가."

모두가 좋은 일이라 하고 헤어졌다. 그런데, 나는 그 뒤에 귓병을 얻어 몹시 앓다가 달포 뒤에야 차도가 있었다.

그곳에 한 분이 있었는데 성명은 이범윤(李範允)이었다. 그 분은 러·일전쟁[露日戰爭] 전에 북간도 관리사(管理使)에 임명되어, 청국 병사들과 힘을 합하여 서로 도왔다가, 러시아 병사가 패전하여 돌아갈 때에 같이 러시아 영토로 와서 지금까지 그곳에서 살고 있었다.

나는 그 분을 찾아가 이야기하였다.

"각하는 러·일전쟁 때, 러시아를 도와 일본을 쳤으니, 그것은 하늘의 뜻을 어긴 것이라 할 것입니다. 왜냐하면 이때 일본이 동양의 대의(大義)를 들어 동양평화와 대한의 독립을 굳건히 할 뜻을 가지고, 세계에 선언한 뒤에 러시아를 친 것이기 때문입니다.

그것은 하늘의 뜻에 순응한 것이므로 다행히 크게 승첩한 것입니다. 그런데 이제 만일, 각하께서 다시 의병을 일으켜 일본을 친다고 하면 그것 또한 하늘의 뜻에 순응하는 것이라 할 수 있습니다. 왜냐하면, 현재 이토는 그 공을 믿고,

망령되고 건방져서, 안하무인인양 교만하고 극악해져서, 위로 임금을 속이고 백성들을 함부로 죽이며, 이웃 나라와 의(誼)를 끊고 세계의 신의를 저버리니, 그야말로 하늘을 반역하는 것이라, 오래 갈 수가 없기 때문입니다.

속담에 이르기를 해가 뜨면 이슬은 사라지고, 달도 차면 반드시 저무는 것 또한 이치에 맞는다고 했습니다. 이제 각하께서 황상(皇上)의 거룩한 은혜를 받고도, 이같이 나라가 위급한 때를 만나, 팔짱 끼고 구경만 해서야 되겠습니까.

만일 하늘이 주는 것을 받지 않으면 도리어 그 벌을 받게 되는 것이니 어찌 각성하지 않을 것입니까. 원컨대 각하께서는 속히 큰 일을 일으켜서 시기를 놓치지 마십시오."

그랬더니, 이범윤이 말하였다.

"말인즉 옳네마는, 재정이나 군기를 전혀 마련할 길이 없으니 어찌할 것인가?"

"조국의 흥망이 조석에 달렸는데, 다만 팔짱 끼고 앉아 기다리기만 하면, 재정과 군기가 어디 하늘에서 떨어져 내려오겠습니까.

하늘에 순응하고 사람의 뜻을 따르기만 하면 무슨 어려움이 있겠습니까. 이제 각하께서 의거를 일으키기로 결심만 하신다면, 제가 비록 재주는 없을망정, 만분의 하나라도 힘이 되겠습니다."

그러나, 이범윤은 머뭇거리며 결단하지 못했다.

그곳에 훌륭한 인물 두 분이 또 있었으니, 하나는 엄인섭

(嚴仁燮)이요, 또 한 사람은 김기룡(金起龍)이었다.

두 사람이 담략과 의협심이 뭇사람보다 뛰어나 나는 그 두 사람과 형제의 의를 맺었다. 엄인섭이 큰 형이 되고, 내가 그 다음이요, 김기룡이 셋째가 되었다. 그 이후 우리 세 사람은 의리가 중하고 정이 두터웠다. 또한 의거할 일을 모의하면서 각처 지방을 두루 돌며 많은 한국인들을 찾고 만나 연설을 했다.

"비유컨대 한 집안에서 한 사람이 부모와 동생들을 작별하고 떠나와 다른 곳에서 산 지 10여 년인데, 그 동안에 그 사람의 가산이 넉넉해지고 처자가 방에 가득하며 벗들과 서로 친하여 걱정 없이 안락하게 살게 되면, 반드시 고향집 부모 형제를 잊어버리는 것이 자연스런 일입니다.

그러다가 어느 날, 고향집 형제 중에서 한 사람이 와서 급히 말하기를 방금 집에 큰 화가 생겼소. 다른 곳에서 강도가 와서 부모를 내쫓고 집을 뺏어 살며, 형제들을 죽이고, 재산을 약탈하니 어찌 통탄할 일이 아니겠는가, 그러니 속히 돌아가 위급한 것을 구해 주기를 간청하였습니다. 그런데 그 사람 대답이 '이제 내가 여기서 살며 걱정없이 편안한데 고향집 부모 형제가 내게 무슨 관계냐'고 한다면 그것을 사람이라 하겠습니까, 짐승이라 하겠습니까.

더구나 곁에서 보는 이들이 '저 사람은 고향집 부형도 모르는 사람이니 어찌 친구를 알 수 있을 것인가' 하고 반드시 배척을 하여 친구의 의도 끊어지고 말 것입니다. 친척도

배척하고 친구도 끊어진 사람이 무슨 면목으로 세상에 살 수 있을 것입니까. 동포들이여! 동포들이여! 내 말을 자세히 들어보시오.

현재 우리 한국의 참상을 여러분은 아십니까, 모르십니까. 일본과 러시아가 개전할 적에 전쟁 선언하는 글 가운데 '동양평화를 유지하고 한국독립을 굳건히 한다'고 했습니다. 그러나 오늘에 이르러서는 이같이 중대한 의리를 지키지 않고, 있습니다. 도리어 한국을 침략하여 5조약과 7조약을 강제로 맺은 다음, 정권을 손아귀에 쥐고서 황제를 폐하고 군대를 해산하고, 철도·광산·산림·천택(川澤)을 빼앗지 않은 것이 없으며, 관청으로 쓰던 집과 민간의 큰 집들은 병참(兵站)이라는 핑계로 모조리 빼앗아 살고 있고, 기름진 전답과 오랜 산소[墳墓]들도 군용지라는 푯말을 꽂고 무덤을 파헤쳐 화가 백골에까지 미쳤으니 국민된 사람으로 또 자손된 사람으로 어느 누가 분함을 참고 욕됨을 견딜 것입니까.

그래서 2천만 민족이 일제히 분발하여 3천리 강산에 의병들이 곳곳에서 일어났습니다.

아! 슬프도다. 저 강도들이 도리어 우리를 폭도(暴徒)라 일컫고, 군사를 풀어 토벌하고 참혹하게 살육하여 두 해 동안에 해를 입은 한국인이 수십만 명에 이르렀습니다.

강토를 뺏고 사람들을 죽이는 자가 폭도입니까. 제 나라를 지키고 외적을 막는 사람이 폭도입니까. 이야말로 도둑놈이 막대기 들고 나서는 격입니다. 한국에 대한 정략이 이

같이 포악해진 근본을 논한다면, 그것은 이른바 일본의 대정치가 늙은 도둑 이토 히로부미의 폭행인 것입니다.

한국민족 2천만이 일본의 보호를 받고자 원하고, 그래서 지금 태평무사하며 평화롭게 날마다 발전하는 것처럼 핑계하고 있으며 위로 천황을 속이고 밖으로 열강들의 눈과 귀를 가려 제 마음대로 농간(弄奸)을 부리며 못하는 짓이 없으니, 어찌 통분할 일이 아니겠습니까.

우리 한국 민족이 만일 이 도둑놈을 죽이지 않는다면 한국은 꼭 없어지고야 말 것이며 동양도 또한 말살되고야 말 것입니다.

여러분! 여러분! 깊이 생각들 하십시오. 여러분들이 조국을 잊었습니까, 아닙니까. 선조의 백골을 잊었습니까, 아닙니까. 친척과 일가들을 잊었습니까, 아닙니까. 만일 잊어버리지 않았다면 이같이 위급해져 죽느냐 사느냐 하는 때를 당해서 분발하고 크게 깨달으십시오.

뿌리 없는 나무가 어디서 날 것이며, 나라 없는 백성이 어디서 살 것입니까. 만일 여러분이 외국에서 산다고 하여 조국에 무관심하여 전혀 돌보지 않는 것을 러시아 사람들이 알면 반드시 '한국 사람들은 조국도 모르고 동족도 모르니 어찌 외국을 도울 리 있으며 다른 종족을 사랑할 리가 있겠는가. 이같이 무익한 인종은 쓸데가 없다' 하고 평판이 들끓어, 머지않아 반드시 러시아 국경 밖으로 쫓겨날 것이 뻔한 일입니다.

이런 때를 당해서 조국의 강토가 이미 외적에게 뺏기고

외국인마저 일제히 배척하고 받아주지 않는다면 늙은이를 업고 어린이들을 데리고서 장차 어디 가서 살 것입니까.

여러분! 폴란드 사람의 학살이나 헤이룽장(黑龍江) 위에서 있었던 청나라 사람들의 참상을 듣지 못했습니까. 만일 나라 잃어버린 인종이 강국인과 동등하다면 나라 망하는 것을 걱정할 것이 무엇이며 또 강국이라고 좋은 것이 무엇입니까.

어느 나라를 물론하고 나라 망한 인종은 그 같이 참혹하게 죽고 학대받는 것을 피하지 못하는 것입니다. 그러므로 오늘날 우리 대한 인종은 이런 위급한 때를 당하여 무슨 일을 하는 것이 좋겠는가 이리 생각해 보고 저리 생각해 보아도 결국 한번 의거를 일으키는 것만 못 하니 적을 치는 일 밖에는 다시 더 다른 방법이 없습니다.

왜냐하면, 지금 한국에서는 내지(內地) 13도 강산에 의병이 일어나지 않은 곳이 없으나 만일 의병이 패하는 날에는, 슬프다 저 간사한 도둑놈들은 좋고 궂고 간에 덮어놓고 폭도란 이름을 붙여 사람마다 죽일 것이요, 집집마다 불을 지를 것이니, 그런 뒤에 한국민족이 된 사람들이 무슨 면목으로 세상에 나설 수 있겠습니까.

그러니 오늘, 국내 국외를 막론하고 한국인들은 남녀 노소할 것 없이 총을 메고 칼을 차고 일제히 의거를 일으켜 이기고 지고, 잘 싸우고 못 싸우고를 돌아볼 것 없이 통쾌한 싸움 한 바탕으로써 천하 후세의 부끄러운 웃음거리를 면해야 할 것입니다. 만일 이같이 애써 싸우기만 하면 세계

열강의 공론도 없지 않을 것이니, 독립할 희망도 있을 것입니다. 더구나 일본은 불과 5년 사이에 반드시 러시아, 청국, 미국 등 3국과 더불어 전쟁을 하게 될 것이니, 그것이 한국의 큰 기회가 될 것입니다.

이 때 한국인이 만일 아무런 준비도 하지 않았다면, 설사 일본이 져도, 한국은 다시 다른 도둑의 손 안으로 들어갈 것입니다.

그러므로 오늘로서 한번 의병을 일으키고부터는 계속해서 끊이지 않아서 큰 기회를 잃지 말아야 할 것이오, 스스로 강한 힘으로 국권을 회복해야만 건전한 독립이라 할 수 있을 것입니다.

그야말로 '자기 스스로 할 수 없다는 것은 만사가 망하는 근본이요, 자기 스스로 할 수 있다는 것은 만사가 흥하는 근본이라'는 말 그대로입니다. 그러므로 '스스로 돕는 자를 하늘이 돕는다' 하는 것이니 여러분에게 묻습니다. 앉아서 죽기를 기다리는 것이 옳습니까? 분발하여 힘을 내는 것이 옳습니까?

이렇고 저렇고 간에 결심하고 각성하고 깊이 생각하여 용기 있게 전진하시길 바랍니다."

이 같이 연설을 하며 각 지방을 두루 돌았는데, 보고 듣는 사람들이 많이 합류해 왔다. 혹은 자원해서 출전(出戰)도 하고, 혹은 병기도 내놓고, 혹은 의금(義金)을 내어 돕기도 하므로 그것으로써 의거의 기초를 삼기에 족했다.

9. 북간도에서 독립군 의병장으로 활약

 그 때 김두성(金斗星)과 이범윤(李範允) 등이 모두 함께 의병을 일으켰다. 그 사람들은 전일에 이미 총독(總督)과 대장(大將)으로 피임된 이들이요, 나는 참모중장(參謀中將)의 직책으로 피선되었다. 우리는 의병과 군기 등을 비밀히 수송하여 두만강(豆滿江) 근처에서 모인 다음 큰 일을 모의하였다.
 그때 내가 의논을 끌어내어 이렇게 말하였다.
 "지금 우리들은 2, 3백 명밖에 안 되니, 적은 강하고 우리는 약하므로 적을 가벼이 여겨서는 안 된다. 더구나 병법에 이르기를 '비록 백 번 바쁜 중에서라도 반드시 만전(萬全)의 방책을 세운 연후엔 큰 일을 꾀할 수 있다'고 했다. 이제 우리들이 한번 의거로써 성공할 수 없을 것은 뻔한 일이다. 그러므로 첫번에 이루지 못하면 두 번, 세 번, 열 번에 이르고, 백 번 꺾어도 굴함이 없이, 금년에 못 이루면 다시 내년에 도모하고, 내년, 내후년, 10년, 100년까지 가도 좋다.
 만일 우리 대에 목적을 못 이루면, 아들 대, 손자 대에 가서라도 반드시 대한국의 독립권을 회복한 다음에라야 그만 둘 것이다.

그렇게 해서 기어이 앞에 나가고, 뒤에 나가고, 급히 나가고, 더디 나가고, 미리 준비하고, 뒷일도 준비하고, 모든 것을 준비하면 반드시 목적을 달성할 수 있을 것이다.

그러므로 오늘 앞장서서 나온 군사들은 병약하고 나이 많은 이들이라도 상관이 없다. 그 다음에 청년들이 사회를 조직하고, 민심을 단합하며, 유년을 교육하여 앞날을 준비하고 뒷일도 준비하는 한편, 여러 가지 실업에도 힘쓰며 실력을 양성한 연후에라야 큰 일을 쉽게 이룰 것이다. 여러분의 의견은 어떠한가?"

그러나, 듣는 사람들 중에는 좋지 않게 이야기하는 사람들이 많았다.

왜냐하면, 이곳의 기풍이 완고한 나머지, 첫째는 권력이 있는 사람과 재산가, 둘째는 주먹 센 사람들, 셋째는 관식이 높은 사람들, 넷째는 나이 많은 사람을 높이 여기는데, 이 네 종류의 권력 가운데 나는 한 가지 권력도 못 가졌으니 어찌 실시할 수가 있겠는가.

그래서 나는 불쾌하여 물러나고 싶은 마음도 있었으나, 이미 내친 걸음이라 어찌할 길이 없었다.

그때 여러 장교들을 거느리고 부대를 나누어 출발하여 두만강을 건너니 때는 1908년 6월이었다.

낮에는 엎드려 숨어 있고 밤길을 걸어 함경북도에 이르렀다. 그 사이 일본 군사와 몇 차례 충돌하여 피차간에 죽거나 다치고, 혹은 사로잡힌 자도 있었다.

그때 사로잡은 일본 군인과 장사치들을 불러다가 물어보았다.

"그대들은 모두 일본국 신민(臣民)들이다. 그런데 왜 천황의 거룩한 뜻을 받들지 않았는가. 러일 전쟁을 시작할 때 선전서에 동양평화를 유지하고 대한독립을 굳건히 한다 해 놓고는, 오늘에 와서 이렇게 다투고 침략하니 이것을 평화독립이라 할 수 있겠는가. 이것이 역적 강도가 아니고 무엇이냐?"

그랬더니, 그 사람들이 눈물을 떨어뜨리며 대답하였다.

"그것은 우리들의 본심이 아니요, 부득이한 사정으로 그렇게 나온 것입니다. 사람이 세상에 나서 살기를 좋아하고 죽기를 싫어하는 것은 떳떳한 정입니다. 더구나 우리들이 만리 바깥 싸움터에서 참혹하게도 주인 없는 원혼들이 되게 되었으니 어찌 통분하지 않겠습니까. 오늘 이렇게 된 것은 다른 이유 때문이 아니라, 오로지 이토 히로부미의 허물입니다. 천황의 거룩한 뜻을 받들지 않고, 제마음대로 권세를 주물러서, 일본과 한국 두 나라 사이에 귀중한 생명을 무수히 죽이고, 저는 편안히 누워 복을 누리고 있으니, 우리들 역시 분개한 마음이 없지 않으나, 사태가 어쩔 수 없어 이 지경까지 이르렀습니다.

그러나 저희라고 옳고 그른 역사판단이 어찌 없겠습니까. 더구나 농사 짓고 장사하는 백성들로 한국에 건너온 자들은 더욱 곤란합니다.

이같이 나라에 폐단이 생기고 백성들이 고달픈데, 전혀 동양평화를 돌아보지 아니하고서, 일본 국세가 편안하기를 어찌 바랄 수 있겠습니까. 그러므로 우리들이 비록 죽기는 하나 통탄스럽기 그지 없습니다."

말을 마치고는 통곡하기를 그치지 아니했다.

"내가 그대들의 하는 말을 들으니 과연 충의로운 사람들이라 하겠다. 그대들을 놓아보내 줄 것이니 돌아가거든 그 같은 난신적자(亂臣賊子)를 쓸어 버려라. 만일 또 그 같은 간악하고 음흉한 무리들이, 까닭없이 동족과 이웃나라 사이에 전쟁을 일으키고 참해하는 언론을 제출하거든, 그 이름을 쫓아가 쓸어버리면 10년이 넘기 전에 동양평화를 꾀할 수 있을 것이다. 그대들이 그렇게 할 수 있겠는가."

그 사람들이 기뻐 날뛰며 그렇게 하겠다고 하므로 곧 풀어 주었다.

그랬더니, 그 사람들이 이렇게 말하는 것이었다.

"군기 총포들을 안 가지고 돌아가면 군율을 면하기 어려울 것인데 어떻게 하면 좋겠습니까?"

"그러면 곧 총포들을 돌려 주마."

하고 다시 일러 주었다.

"그대들은 속히 돌아가서, 뒷날에도 사로잡혔다는 오늘의 이야기는 결코 입 밖에 내지 말고 삼가 큰 일을 꾀하라."

그 사람들은 천번 만번 감사하면서 돌아갔다.

그 뒤에 장교들이 불평하며 내게 말하였다.

"어째서 사로잡은 적들을 놓아 주는 것이오?"

나는 이렇게 대답하였다.

"현재 만국 공법에 사로잡은 적병을 죽이는 법은 전혀 없다. 어디다 가두어 두었다가 뒷날 배상을 받고 돌려보내 주는 것이다. 더구나 그들이 말하는 것이 진정에서 나오는 의로운 말이라, 놓아 주지 않고 어쩌겠는가?"

그랬더니 여러 사람들이 이 같이 말하였다.

"저 적들은, 우리 의병들을 사로잡으면 남김없이 참혹하게도 죽이고 있소. 또 우리들도 적을 죽일 목적으로 이곳에 와서 풍찬노숙(風餐露宿)하고 있는 것이요. 그런데 그렇게 애써서 사로잡은 놈들을 몽땅 놓아 보낸다면, 우리들은 무엇을 목적으로 하는 것이오?"

"그렇지 않다. 그렇지 않다. 적들이 그 같이 폭행하는 것은 하느님과 사람들이 다 함께 노하는 것이다. 이제 우리들마저 야만의 행동을 하고자 하는가. 또 일본의 4천만 인구를 모두 다 죽인 뒤에 국권을 다시 회복하려는 계획인가. 저쪽을 알고 나를 알면 백 번 싸워 백 번 이기는 것이다. 지금 우리는 약하고 저들은 강하니, 악전(惡戰)할 수는 없다. 뿐만 아니라, 충성된 행동과 의로운 거사로써 이토의 포악한 정략을 성토하여 세계에 널리 알려서 열강의 동정을 얻은 다음에라야, 한을 풀고 국권을 회복할 수 있을 것이니, 그것이 이른바 약한 것으로 강한 것을 물리치고 어진 것으로써 악한 것을 대적한다는 것이다. 그대들은 부디 더 이상 많은 말들을 하지 말라."

이렇게 간곡하게 타일렀다.

그러나 여러 사람들의 의논이 들끓으며 따르지 않았고 장교 중엔 부대를 나누어 가지고 멀리 가버리는 사람도 있었다.

그 뒤에 일본 병사들이 습격하였는데, 충돌한 지 4, 5시간이 지나는 동안, 날은 저물고 폭우가 쏟아져서 지척을 분간키 어려워졌다.

장졸들이 이리 저리 흩어져 얼마나 죽고 살았는지조차 판단하기가 어려웠다. 그러니 형세가 어쩔 도리가 없어 수십 명과 함께 숲속에서 밤을 지냈다.

그 이튿날 6, 7십 명이 서로 만나 그 동안의 사연을 물었더니 각각 대를 나누어 흩어져 갔다는 것이었다.

그때 여러 사람들이 이틀이나 먹지 못해서 모두들 주린 기색이 있어, 제각기 살려는 생각만 가졌다. 그 지경을 당하고 보니 창자가 끊어지고 간담이 찢어지는 것 같건마는, 사태는 어찌할 수 없었다. 여러 사람들의 마음을 달랜 뒤에 마을로 들어가 보리밥을 얻어 먹고서 굶주림과 추위를 조금 면했다.

그러나 군중의 마음은 복종함이 없고, 기율(紀律)도 따르지 않아, 이런 때를 당하여 이같은 질서 없는 무리들을 데리고서는 비록 손자(孫子)나, 오자(吳子)나, 제갈공명(諸葛孔明)이 되살아나도 어찌할 수 없을 것이다.

그래도 흩어진 무리들을 찾고 있을 즈음에, 마침 복병을 만나, 한번 저격을 받고는 남은 사람들마저 흩어져 다시는 모으기가 어려웠다.

10. 풍찬노숙과 기아를 극복
괴력으로 연해주 귀환

나는 혼자서 산 위에 앉아 스스로 웃으며 스스로에게 말하였다.

"어리석도다. 나 자신이여! 저같은 무리들을 데리고 무슨 일을 꾀할 수 있을 것인가. 누구를 탓하고 누구를 원망하랴."

그리고 다시 분발하여 용기를 내어 앞으로 나가, 사방을 수색하였다. 다행히 두서너 사람을 만나 어떻게 하면 좋겠는가를 서로 의논했다. 그랬더니, 네 사람의 의견이 모두 달라 어떤 이는 목숨껏 살아야지 하고, 어떤 이는 자살해 버리고 싶다 하고, 또 어떤 이는 스스로 일본군에게 나가서 사로잡히겠다고도 하는 것이었다.

나는 이리 저리 한참 생각하다가 문득 시 한 수를 동지들에게 읊어 주었다.

> 사나이 뜻을 품고 나라 밖에 나왔다가
> 큰 일을 못 이루니 몸 두기 어려워라
> 바라건대 동포들아 죽기를 맹서하고
> 세상에 의리 없는 귀신은 되지 말게.

(男兒有志出洋外 事不入謀難處身
望須同胞警流血 莫作世間無義神)

시를 다 읊고 다시 말을 이었다.

"그대들은 모두들 뜻대로 하라. 나는 산 아래로 내려가서 일본군과 더불어 한 바탕 장쾌하게 싸우겠다. 그리하여, 대한국 2천만 사람 중의 한 사람이 된 의무를 다한 다음에는 죽어도 한이 없겠다."

그리고는 총을 가지고 적진을 바라보며 가노라니, 그 중의 한 사람이 뒤따라와 붙들고 통곡하면서 말하였다.

"당신의 의견은 큰 잘못이오. 당신은 다만 한 개인의 의무만 생각하고, 수많은 생명과 훗날의 큰 사업은 돌아보지 않을 것이오?

오늘의 형세로는 비록 죽는다 해도 아무 이익이 없소. 만금(萬金)같이 소중한 몸인데 어찌 초개(草芥)같이 버리려는 것이오.

지금 마땅히 다시 강동(江東:강동은 러시아 영토 안에 있는 땅 이름임)으로 건너가서, 앞날의 좋은 기회를 기다려서 다시 큰 일을 도모하는 것이 십분 이치에 맞는 일이거늘, 어찌 깊이 헤아리지 않는 것이오."

그러므로 나는 생각을 돌이켜 말하였다.

"그대의 말이 참으로 옳소. 옛날 초패왕(楚霸王) 항우(項羽)가 오강(烏江)에서 자결한 것에는 두 가지 뜻이 있었는데, 하나는 무슨 면목으로 다시 강동의 어른들을 만날 수 있겠느냐는 것이요, 또 하나는 강동이 비록 작을지언정 족히 왕될만 하다는 말 때문에 화가 나서 스스로 오강에서 죽은 것이오(편집자―항우는 천하 영웅으로 자처했는데 강동으로 가서 작은 왕이라도 되는 것이 좋지 않느냐 하므로 분했던 것임). 그때, 항우가 한번 죽고 나서는 천하에 또다시 항우가 없었던 것이라 어찌 안타깝지 않겠소. 오늘 안응칠(安應七)이 한 번 죽으면 세상에 다시는 안응칠이 없을 것은 분명하오.

무릇 영웅이란 것은 능히 굽히기도 하고, 능히 버티기도 하는 것이라, 목적을 성취하기 위해서 마땅히 공의 말을 따르겠소."

비로소 네 사람이 동행하여 길을 찾을 즈음, 다시 서너 사람을 만나게 되었다.

"우리 8, 9인이 대낮에 적진을 뚫고 가기란 어려울 것이다. 차라리 밤길을 걷는 것만 못하다."

그날 밤 장맛비가 그치지 않고 퍼부었기 때문에 지척을 분간하기 어려운 나머지, 피차 길을 잃고 서로 흩어져, 나와 두 사람이 동행이 되었다. 그러나 세 사람 모두 그곳 지리를 전혀 알지 못했다.

뿐만 아니라 구름이 하늘에 차고 안개가 땅을 덮어 동서를 분간 못해 어찌할 길이 없었다. 더구나 산은 높고, 골은 깊으며, 인가도 전혀 없었다. 이 같이 헤맨 지 4, 5일이 지나는 동안, 도무지 밥 한 끼니도 못 먹어 배는 고프고 발에는 신조차 신지 못해, 춥고 배고픈 그 고생스러움을 견디기가 어려웠다.

그래서 풀뿌리를 캐어 먹고, 담요를 찢어 발을 싸매고, 서로 위로하고 보호하면서 가노라니, 멀리서 개 짖는 소리가 들려왔다.

내가 두 사람에게 당부하였다.

"내가 먼저 저 집으로 내려가서, 밥도 얻고, 길도 물어 올 것이니, 두 사람은 숲속에 숨어서 내가 돌아오기를 기다리시오."

인가를 찾아 내려갔더니, 그 집은 일본 병사들의 초소였다.

그때 일본 병사들이 횃불을 밝혀 들고 문으로 나오기에, 언뜻 그것을 보고 나는 황급히 몸을 피하여 산 속으로 돌아와 다시 두 사람과 의논하여 달아났다. 그때 기력이 다하고 정신이 어지러워 땅에 쓰러졌다가 다시 정신을 차렸다. 나는 하늘에 간절한 기도를 올렸다.

"죽어도 속히 죽고 살아도 속히 살게 해 주소서."

기도를 마치고 그리고나서 냇물을 찾아가 배가 부르도록 물을 마신 뒤, 나무 아래 누워서 밤을 지냈다.

이튿날 두 사람은 너무도 괴로운 나머지 탄식을 그치지 않았다. 나는 타일러 말했다.

"너무 걱정하지 마시오. 사람의 목숨은 하늘에 매인 것이니 너무 걱정할 것이 없소.

사람은 비상한 곤란을 겪은 다음에라야 비상한 사업을 이루는 것이오. 죽을 땅에 빠진 다음에라야 살아나는 것이오. 이 같이 낙심한대서 무슨 득이 있겠소. 하늘의 뜻에 맡기고 기다려봅시다."

말로는 큰 소리를 쳤으나, 아무리 생각해 보아도 어찌할 도리가 없었다.

그래서 스스로 생각하며 다짐했다.

"옛날 미국 독립의 주인공인 워싱턴이 7, 8년 동안 풍진(風塵) 속에서 그 많은 곤란과 고초를 어떻게 참고 견딜 수 있었을까. 참으로 만고에 둘도 없는 영웅이다. 내가 만일 뒷날에 일을 성취하면 반드시 미국으로 가서, 특히 워싱턴을 추모하고 숭배하여 그 뜻을 기념하리라."

그리고 그날 세 사람은 죽고 사는 것을 돌보지 않고 대낮에도 인가를 찾다가 다행히 산 속 두메산골에서 집 한 채를 찾았다. 그래서 주인을 불러 밥을 빌었더니 그 주인이 조밥 한 사발을 주면서 말하였다.

"당신들은 머뭇거리지 말고 어서 가시오. 빨리 가시오. 어제 이 아랫마을에 일본 병정이 와서, 죄 없는 양민을 다섯 사람이나 묶어 가지고 가서 의병들에게 밥을 주었다는 구실로 그냥 쏘아 죽이고 갔소. 여기도 때때로 와서 뒤지니, 나를 원망치 말고 어서 가시오."

그러므로 우리는 더 이상 말하지 아니하고, 밥을 받아 가지고 산으로 올라와 세 사람이 균등하게 갈라 먹었는데, 그같이 맛있는 음식은 세상에서 다시 구할 수 없을 것이다. 아마 필시 하늘 위에 있는 신선 식당 요리일 것이다. 그 때

밥을 굶은 지 이미 엿새나 지났던 것이다.

다시 산을 넘고 내를 건너 방향도 모르고 걷고 걸어갔는데, 언제나 낮에는 엎드리고 밤길을 걸었다. 게다가 장맛비는 그치지 않아 고생은 더욱 심했다.

며칠 뒤 어느 날 밤, 또 한 집을 만나 문을 두들기며 주인을 불렀다. 그랬더니 주인이 나와 내게 이렇게 말하였다.

"너는 필시 러시아에 입적한 자일 것이니 차라리 일본 군대에 묶어 보내야겠다."

그리고는 몽둥이로 때리고 같은 패거리를 불러 나를 묶으려 하였다. 그러므로, 형세가 어쩔 수 없어 몸을 피해 도망쳐 버렸다.

마침 좁은 길목을 지나게 되었는데, 그곳에서도 일본 병사가 피수를 보고 있었다. 감감한 가운데, 시적을 사이에 두고 서로 맞부딪치자, 일본 병사가 나를 향해서 총을 서너 방 쏘았으나 다행히 맞지 않았다.

급히 두 사람과 함께 산 속으로 피해 들어갔다. 그리고 다시는 감히 큰길로는 나가지 못하고, 산길로만 다녔다. 그래서 4, 5일 동안을 다시 전과 같이 밥을 얻어먹지 못하니, 춥고 배고프기가 전보다 더 심했다. 그래서 두 사람에게 이렇게 권하였다.

"두 형은 내 말을 믿고 들으시오. 사람이 만일 천지간의 큰 임금이요, 큰 아버지인 천주님을 신봉하지 않으면 금수만도 못한 것이오. 더구나 오늘 우리는 죽을 지경을 면하기가 어렵게 되었으니, 속히 천주 예수의 진리를 믿어, 영혼을 구제받아 영생을 얻는 것이 어떻소. 옛 글에도 아침에 도를 들으면 저녁에 죽어도 좋다 하였소. 형들은 속히 지난날 허물을 회개하고 천주님을 믿어 영생하는 구원을 받는 것이 어떻소."

그리고는, 천주가 만물을 창조해 만드신 도리와, 지극히 공변되고, 지극히 의롭고, 선악을 상벌하는 도리와, 예수 그리스도가 세상에 내려오셔서 구속하는 도리를 낱낱이 권면했다. 두 사람은 그 말을 들은 뒤에 천주를 믿겠노라고 하였다. 그러므로, 곧 교회의 규칙대로 대세(代洗:대리로 세례를 주는 권한)를 주었다.

예를 마치고는 다시 인가를 찾았다. 다행히 깊은 산 외진 곳에 집 한 채를 만나 문을 두들겨 주인을 불렀다. 이윽고 한 늙은이가 나와 방 안으로 맞아들여서, 인사를 마치고 밥을 달라고 청했다. 그랬더니, 말이 끝나자 곧 어린아이를 불러 음식상을 가득히 차려 내왔다(산중의 별미란 산나물과 과일이었음).

염치 불구하고 한 바탕 배부르게 먹은 뒤에 정신을 돌이켜 생각해보니, 무려 열이틀 동안에 겨우 두 끼 밥을 먹고 목숨을 부지해 여기까지 온 것이었다.

주인 늙은이에게 크게 감사하면서 전후에 겪은 고초를 낱낱이 이야기했다.

"이렇게 나라가 위급한 때를 만나, 그 같은 곤란은 국민의 의무지요. 더구나 기쁨이 다하면 슬픔이 오고, 고생이 끝나면 즐거움이 온다는 말이 있지 않소. 너무 걱정하지 마시오.

그런데 이제 일본 병사들이 곳곳마다 뒤지고 있으니, 참으로 길 가기가 어려울 것이오. 그러니 꼭 내가 지시하는 대로 따르시오."

노인은 어디로 해서 어디로 가면 질러갈 수 있어서 편할 것이며 두만강이 멀지 않으니 속히 건너 돌아가, 뒷날 좋은 기회를 타서 큰 일을 도모하라고 타이르는 것이었다.

나는 노인의 성명을 물었으나 노인은

"깊이 물을 것 없소."

하고 웃으며 대답하지 않았다.

그래서 노인에게 감사하고 작별한 뒤에, 그가 지시한 대로 따라, 며칠 뒤에 세 사람이 모두 무사히 강을 건넜다. 그때서야 겨우 마음을 놓고, 어떤 마을의 한 집에 이르러 며칠 동안 편안히 쉰 다음에, 비로소 옷을 벗어 살펴보니 거의 다 썩어서 몸을 가리기 어려운 지경이었고 이가 득실거려 그 수를 헤아릴 수조차 없었다.

출전 전후 날짜를 세어 보니 무릇 한 달 반인데, 집 안에서 자본 적이 없고 언제나 한데서 밤을 지냈으며, 장맛비가 그침없이 퍼부었으니, 그 동안의 갖가지 고초는 글로 다 적을 수가 없다.

11. 이토에 대한 증오심이 불타 거사 계획

나는 러시아 영토인 엔치야(烟秋) 방면에 이르렀다. 친구들은 만나서도 나를 알아보지 못했다.

피골(皮骨)이 상접하여 전혀 옛 모습이 없었기 때문이었다.

천번 만번 생각해 보아도, 만일 천명(天命)이 아니었더라면 전혀 살아 돌아올 길이 없었다.

그곳에서 십여 일 묵으며 요양한 뒤에 블라디보스토크(海蔘威)에 이르니 그곳 동포들이 환영회를 마련해놓고 나를 청하였다. 그러나 나는 극구 사양하며,

"패전한 장수가 무슨 면목으로 여러분의 환영을 받을 수가 있겠소."

그랬더니, 여러 사람이 이렇게 말하였다.

"이기고, 지는 것은 군사상에 언제나 있는 일이니 무엇이 부끄럽소. 더구나 그같이 위험한 곳에서 무사히 살아 돌아왔으니 어찌 환영해야 할 일이 아니겠소."

그 후 다시 그곳을 떠나, 하바로프스크(河發浦) 방면으로 향했다.

기선을 타고 헤이룽장(黑龍江) 상류 수천여 리를 시찰하였다.

한국인 유지의 집을 방문한 뒤에, 다시 수찬(水淸) 등지에 이르러, 혹은 교육에 힘 쓰기도 하고 혹은 단체를 조직하기도 하면서 각 방면을 두루 다녔다.

어느 날, 산골짜기 아무도 없는 곳에 이르자, 갑자기 어디에선가 흉악한 놈들 6, 7명이 뛰쳐나와 나 한 사람을 묶고 말하였다.

"의병대장을 잡았다."
하자, 그때 동행 몇 사람은 도망치고 말았다.

그들이 날더러 이렇게 말하였다.

"너는 어째서 정부에서 엄금하는 의병 모집을 감히 행하는 것이냐."

그러므로 나는 대답하되,

"현재 이른바 우리 대한정부는 형식으로는 있는 것 같지만, 내용으로는 이토 한 개인의 정부다. 대한민족 된 사람이 정부의 명령에 복종한다는 것은 실상 이토에게 복종하는 것이다."
하였다.

그러나 그놈들은 두말 할 것 없이 때려 죽여야 한다 하고, 말을 마치자, 수건으로 내 목덜미를 묶어 눈바닥에 쓰러뜨리고 무수히 마구 때리는 것이었다.

나는 큰 소리로 꾸짖었다.

"너희들이 만일 여기서 나를 죽이면 그래 무사할 것 같으냐. 아까 나와 동행했던 두 사람이 도망해 갔지. 바로 그 두

무장한 일진회 회원들—일본은 매국단체 일진회를 이용하여 대한제국을 손아귀에 넣고 한일합병 직후인 9월에 강제 해산했다(사진 뒷줄은 일본인들).

사람이 반드시 우리 동지들에게 알릴 것이다. 너희들을 뒷날 모조리 다 죽일 것이니, 알아서들 해라."

그랬더니 그들도 내 말을 듣고 나서는 서로 귓속말로 속삭이더니, 그것은 아마 필시 나를 죽일 수 없다는 것을 논의하는 모양이었다.

이윽고 나를 이끌고 산 속 어떤 초가집 안으로 들어가 어떤 놈은 나를 때리고, 어떤 놈은 그것을 말리므로, 나는 좋은 말로 풀어줄 것을 여러 번 권했다. 그러나 저들은 아무 대답도 못 하다가 서로 이렇게 말들을 하고 있었다.

"김가(金哥) 네가 처음 시작하여 일으킨 일이니, 김가 네가 마음대로 해라. 우리들은 다시는 상관하지 않겠다."

그러자 그 김가란 자가 나를 끌고 산 아래로 내려왔다.

나는 한편으로 잘 달래고 한편으로는 항거했다. 그랬더니, 김가도 이치에 따라 어찌할 수가 없었는지, 아무 말 없이 물러가고 말았다. 한편, 그들은 모두 일진회(一進會)의 남은 도당들로서 스스로 본국에서부터 이곳으로 피난해 와서 사는 놈들이었는데, 마침 내가 지나간다는 이야기를 듣고 그 같은 행동을 한 것이었다.

그때 나는 빠져 나와 죽음을 면하고 친구 집을 찾아가, 상한 데를 치료하며 그해 겨울을 지냈다.

이듬해(1909년) 기유(己酉) 정월, 엔치야(烟秋) 방면으로 돌아와, 동지 12인과 같이 상의하였다.

"우리들이 전후(前後)에 아무 일도 이루지 못했으니 남의 비웃음을 면하기 어려울 것이오. 뿐만 아니라, 만일 특별한 단체가 없으면 어떤 일이고 긴에 목적을 이루기가 어려울 것이오. 그러니 오늘 우리 모두 손가락을 끊어 맹서를 맺어 표기한 다음에, 한 마음으로 단체를 만들어 나라를 위해 몸을 바쳐, 기어이 목적을 달성하도록 하는 것이 어떻소."
하고 말했다.

그러자, 모두가 그대로 따르겠다 하여, 마침내 열두 사람이 각각 왼손 약지(藥指)를 끊어, 그 피로써 태극기 앞면에 대한독립(大韓獨立) 글자 넉 자를 크게 썼다.

쓰기를 마치고, 대한독립만세를 일제히 세 번 부른 다음, 하늘과 땅에 맹서하고 흩어졌다.

그 뒤에 각처로 왕래하며, 교육에 힘쓰고, 민의를 모으고,

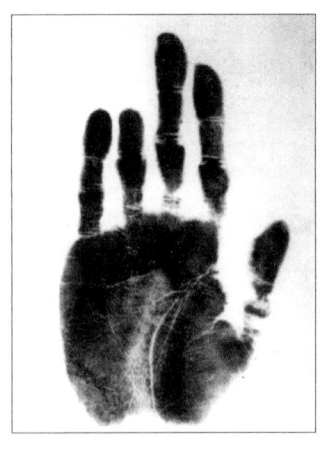

단지혈맹동지 12인

安應七(31세)   朴鳳錫(32세)
姜計瓚(27세)   白南奎(27세)
姜起順(40세)   柳致弘(40세)
金基龍(40세)   鄭元柱(30세)
金伯春(25세)   曺順應(25세)
金天化(26세)   黃吉秉(25세)

단지혈맹—조국의 독립과 동양 평화를 위하여 안 의사를 포함 12인이 약지를 끊고 피로써 맹세함(1909. 1월 카리).

신문을 구독하는 것으로써 일을 삼았다.

그때 느닷없이 정대호(鄭大鎬)의 편지를 받고서, 곧바로 가서 만나 고향집 소식을 자세히 들었다. 그리고 가족들을 데리고 오는 일을 부탁하고 돌아왔다.

또 봄 여름 사이에 동지 몇 사람과 함께 한국으로 건너가 여러 가지 동정을 살피고자 했다. 그러나 비용을 마련할 길이 없어 목적을 이루지 못한 채, 부질없이 세월만 보내다가, 어언 초가을 9월이 되니 때는 곧 1909년 9월이었다.

그때 나는 엔치야 방면에 머무르고 있었는데, 하루는 갑자기 아무 까닭도 없이 마음과 정신이 울적해지며 초조함을 이길 수 없었으며 스스로 진정하기 어려웠다.

그래서 친구 몇 사람에게 이렇게 말하였다.

"나는 지금 블라디보스토크(海蔘威)로 가려고 하오."

"왜 그러는 것이오. 왜 아무런 기약도 없이 졸지에 가려는 것이오."

"나도 그 까닭을 모르겠소. 공연히 마음에 번민이 일어나서, 도저히 이곳에 더 머물러 있을 생각이 없어, 떠나려는 것이오."

그들이 다시 물어보았다.

"이제 가면 언제 오는 것이오?"

그래서 나는 무심코 그냥 대답하였다.

"다시 안 돌아오겠소."

그들은 무척 괴이하게 생각했을 것이요, 나도 역시 말의 의미를 깨닫지 못한 채 그런 대답을 했던 것이다.

그리하여 서로 작별하고 길을 떠나 보로실로프(穆口港)에 이르러 기선을 만나 올라탔다(이 항구에서는 기선이 1주일에 혹 한두 번씩 블라디보스토크로 다닌다고 했음).

블라디보스토크에 이르러 들으니 이토 히로부미(伊藤博文)가 얼마 안 있어 이곳에 올 것이라는 소문이 자자했다.

그래서 자세한 내막을 알고 싶어 여러 신문을 사보았다. 그랬더니, 가까운 시일에 하얼빈(哈爾賓)에 도착하기로 되어 있다는 것이 참말이요 의심할 여지가 없었다.

나는 스스로 남몰래 기뻐하였다.

"여러 해 소원하던 목적을 이제야 이루게 되다니! 늙은 도둑이 내 손에서 끝나는구나!"

그러나 여기에 온다는 말은 아직 확실하지 않은 말이요, 하얼빈에 간 연후에라야 일이 성공할 것이 틀림없을 것이라는 생각이 들었다.

곧 일어나 하얼빈으로 떠나고 싶건마는 움직이는 비용을 마련할 방책이 없어 이리저리 헤아려 생각하다가 마침 이곳에 와서 사는 한국 황해도 의병장 이석산(李錫山)을 찾아 갔다.

그때 이씨는 마침 다른 곳으로 가려고 행장을 꾸려 가지고 길을 떠나려고 문을 나서는 참이라, 그를 급히 불러 조용한 방으로 들어가, 돈 1백 원만 꾸어 달라고 청했다.

그러나 이씨는 끝내 들어주지 않는 것이었다. 사태가 여기에까지 이르자 하는 수 없이 그를 위협한 나머지 1백 원을 강제로 빼앗아가지고 돌아오니, 일은 반이나 이루어진 것 같았다.

12. 하얼빈 역두에 일곱 발의 총성
침략 원흉 이토를 쓰러뜨리고 대한만세 삼창

이때 동지 우덕순(禹德淳)을 청하여 일을 도모할 방책을 비밀히 약속하였다. 그 다음, 각각 권총을 휴대하고 곧 길을 떠났다. 기차를 타고 가면서 생각해 보니 두 사람이 다 러시아말을 전혀 모르므로 걱정이 적지 않았다.

도중에 스이펜호(綏芬河) 지방에 이르러 유동하(劉東夏)를 찾아 부탁의 말을 하였다.

"지금 내가 가족들을 맞이하기 위해서 하얼빈으로 가는데, 러시아 말을 모른다네. 자네가 거기에 같이 가서 통역을 해 주고 여러 가지 일을 주선해 줄 수 없겠는가?"

"나도 역시 약을 사러 하얼빈으로 가려는 참이니 참 잘된 일이오. 같이 가지요."

하고 유(劉)도 말하므로 곧 길을 떠나 동행이 되었다.

이튿날 하얼빈에 있는 김성백(金聖伯)의 집에 이르러 유숙하고, 다시 신문을 얻어보고 이토 히로부미가 오는 날짜를 자세히 탐지하였다.

또 그 이튿날 다시 남쪽으로 창춘(長春) 등지로 가서 거사하고도 싶었다. 그러나, 유동하가 본시 나이 어린 사람이라 곧 자기 집으로 돌아가겠다 하므로 다시 통역할 사람을 얻으려 하였다. 그때 마침 조도선(曺道先)을 만나, 가족들을 맞기 위해 동행해서 남쪽으로 가자 했더니, 조씨는 곧 승낙하는 것이었다.

그날 밤은 또 김성백의 집에서 묵었다. 그때 비용이 부족할 것이 걱정스러워서 유동하를 시켜 김성백에게 가서 50원만 잠깐 빌려가지고 오면 머지않아 곧 갚겠노라고 말하라 시키고 유씨가 김씨를 찾아갔으나 밖에 나가고 없었다.

그때 나는 홀로 여관방 등불 밑, 차디찬 침상 위에 앉아 잠깐 동안 장차 행할 일을 생각하며, 비분강개한 마음을 이길 길 없어 노래 한 수를 읊었다.

> 장부가 세상에 처함이여 그 뜻이 크도다
> 때가 영웅을 지음이여 영웅이 때를 지으리로다
> 천하를 웅시함이여 어느 날에 업을 이룰고
> 동풍이 점점 차가운데 장사의 의기가 뜨겁도다
> 분개히 한번 감이여 반드시 목적을 이루리로다
> 쥐도적 이등이여 어찌 즐겨 목숨을 비길고
> 어찌 이에 이를 줄을 헤아렸으리오 사세가 고연하도다
> 동포 동포여 속히 대업을 이룰지어다
> 만세 만세여 대한 독립이로다
> 만세 만만세여 대한 동포로다.

丈夫處世兮 其志大矣
時造英雄兮 英雄造時
雄視天下兮 何日成業
東風漸寒兮 壯士義熱
憤慨一去兮 必成目的
鼠竊伊藤兮 豈肯比命
豈度至此兮 事勢固然
同胞同胞兮 速成大業
萬歲萬歲兮 大韓獨立
萬歲萬萬歲 大韓同胞.

읊기를 마치고, 다시 편지 한 장을 써서 블라디보스토크에 있는 대동공보(大東共報) 신문사에 부치러 했다. 그 뜻은 첫째 우리들이 행하는 목적을 신문지상에 널리 알리자는 것이요, 또 한 가지는 유동하가 만일 김성백에게서 돈 50원을 꾸어 온다면 갚아줄 방책이 없기 때문에, 대동공보사에서 갚아주도록 하는 핑계로 말한 것이니 그것은 잠깐 동안의 꾀였던 것이다.

편지를 끝마치자, 유씨가 돌아왔는데 돈을 빌려 오지 못했다 하므로 자지도 못하고 그날 밤을 지냈다.

이튿날 이른 아침 우(禹), 조(曺), 유(劉), 세 사람과 함께 정거장으로 갔다. 조씨로 하여금 남청열차(南淸列車)가 서로 바뀌는 정거장이 어디 있는가를 역의 관리에게 자세히 묻게

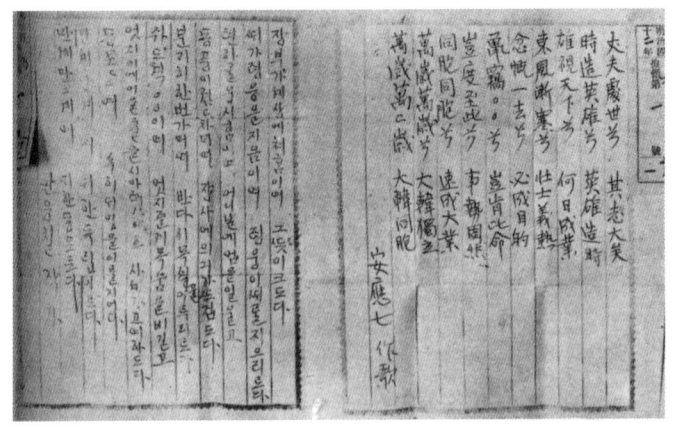

장부가(丈夫歌)—안 의사가 의거 전 하얼빈에서 지은 장부가의 친필

했더니 지야이지스고(蔡家溝)라고 하는 것이었다.

나는 곧 우, 조 두 사람과 함께 유씨를 작별한 뒤에 열차를 타고 남행하여 그 방면에 이르렀다. 차에서 내려 여관을 정하고 유숙하며, 정거장 역무원에게 물어보았다.

"이곳에 기차가 매일 몇 차례나 내왕하는가?"

역무원이 대답했다.

"매일 세 번씩 내왕하는데, 오늘 밤에는 특별차가 하얼빈에서 창춘으로 떠나가서, 일본대신 이토를 영접해 가지고 모레 아침 여섯 시에 여기에 이를 것이다."

이같이 분명한 통신은 처음 듣는 확실한 소식이었다.

그래서 다시 깊이 헤아려 생각하였다.

"모레 아침 여섯 시 쯤이면 아직 날이 밝기 전이니 이토가 반드시 정거장에 내리지 않을지도 모른다. 또 설사 차에서 내려 시찰한다 하여도, 어둠 속이라 진짜인지 가짜인지를 분간할 수가 없을 것이다. 더구나 내가 이토 히로부미의 모습을 모르는데야 어찌 능히 일을 완수해 낼 수가 있을 것이랴."

그래서 다시 앞서 창춘으로 가보고 싶어도 노자가 부족하니 어쩌면 좋을는지! 이런 저런 생각에 마음만 몹시 괴로웠다.

그때 유동하에게 전보를 쳤다.

"우리는 여기 이르러 하차했다. 만일 그곳에 긴급한 일이 있거든 전보를 쳐주기 바란다."

황혼이 된 뒤에 답전이 왔으나, 그 말뜻이 전연 분명치 아니해서 더욱 의아스러움이 적지 않아, 그날 밤 충분히 깊이 생각하고 다시 좋은 방책을 헤아렸다.

이튿날 우씨에게 상의하였다.

"우리가 이곳에 같이 있는 것은 좋은 방법이 아니다.

첫째는 돈이 부족하고, 둘째는 유씨의 답전이 심히 의아스럽고, 셋째는 이토(伊藤)가 내일 아침 새벽에 여기를 지나갈 터인즉 일을 치르기가 어려울 것이기 때문이다.

만일 내일의 기회를 잃어버리면 다시는 일을 도모하기가 어려울 것이다. 그러므로 그대는 여기서 머물며 내일의 기회를 기다려 틈을 보아 행동하고, 나는 오늘 하얼빈으로 돌아가서 내일 두 곳에서 일을 치르면 충분히 편리할 것이다.

만일 그대가 일을 성공하지 못하면 내가 꼭 성공할 것이요, 만일 내가 일을 성공하지 못하면 그대가 꼭 일을 성공

시켜야 할 것이다. 또 만일 두 곳에서 다 뜻대로 되지 않는다면, 다시 비용을 마련한 다음, 새로 상의해서 거사하도록 하는 것이 가장 완전한 방책일 것이다."

그리하여 서로 작별하고, 나는 기차를 타고 도로 하얼빈으로 돌아와 다시 유동하를 만나 답신 전보의 글 뜻을 물었다. 그러나, 유씨의 답변이 역시 분명치 않으므로 내가 성을 내어 꾸짖었더니, 유씨는 말도 아니하고 문 밖으로 나가버리는 것이었다.

그날 밤은 김성백의 집에서 잤다.

이튿날 아침 일찍 일어나 새 옷을 모조리 벗고 수수한 양복 한 벌로 갈아입은 뒤에, 단총을 지니고 바로 정거장으로 나갔다. 그 때가 오전 7시쯤이었다.

정거장에 이르러 보니, 러시아 장관(將官)과 군인들이 많이 나와 이토를 맞이할 절차를 준비하고 있었다.

나는 차 파는 집에 앉아서 차를 두서너 잔 마시며 기다렸다.

9시쯤 되어, 인산인해(人山人海)를 이룬 가운데 이토가 탄 특별열차가 와서 닿았다. 나는 찻집 안에 앉아서 그 동정을 엿보며 생각하였다.

어느 시각에 저격하는 것이 좋을까 십분 생각하였으나 미처 결정을 내리지 못하였다. 그 즈음, 이윽고 이토가 차에서 내려오자, 각 군대가 경례하고 군악소리가 하늘을 울리며 귀를 때렸다.

그 순간 분한 생각이 터져 일어나고 3천 길 업화(業火)가

머리 속에서 치솟아 올랐다.

"어째서 세상 일이 이같이 공평하지 못한가. 슬프도다. 이웃나라를 강제로 빼앗고 사람의 목숨을 참혹하게 해치는 자는 이같이 날뛰고 조금도 꺼림이 없는 대신, 죄 없이 어질고 약한 인종은 어찌하여 이처럼 곤경에 빠져야 하는가."

다시 더 말할 것 없이, 나는 곧 뚜벅뚜벅 걸어서 용기있게 나가, 군대가 늘어서 있는 뒤에까지 이르렀다. 앞을 보니, 러시아 일반 관리들이 호위하고 오는 중에, 맨 앞에 누런 얼굴에 흰 수염을 가진, 일개 조그마한 늙은이가 이같이 염치없이 감히 하늘과 땅 사이를 횡행하듯 걸어오고 있었다.

"저것이 필시 늙은 도둑 이토일 것이다."

하며 곧 단총을 뽑아들고, 그 오른쪽을 향해서 신속히 4발을 쏘았다. 그러나 생각해보니 십분 의아심이 머리 속에서 일어났다. 내가 본시 이토의 모습을 모르기 때문이었다.

만일 한 번 잘못 쏜다면 큰 일이 낭패가 되는 것이었다. 그래서 다시 뒤쪽을 향해서, 일본인 단체 가운데서 가장 의젓해 보이는, 앞서 가는 자를 새로 목표하고 3발을 잇달아 쏘았다.

또다시 생각하니, 만일 죄 없는 사람을 잘못 쏘아 다치게 했다면 반드시 잘된 일은 아니라, 잠깐 주춤하며 생각하는 사이에, 러시아 헌병에게 붙잡혔다.

이때가 바로 1909년, 음력 9월 13일(양력 10월 26일) 상오 9시 반쯤이었다.

하얼빈 역의 이토 히로부미—하얼빈 역에 도착한 이토가 안내를 받아 러시아 재정대신 등 각국 영사들이 있는 곳으로 가려 하고 있다.(1909년 10월 26일 오전 9시 20분경, 화살표가 이토)

그때 나는 곧 하늘을 향하여, 큰 소리로 대한만세를 세 번 부른 다음, 정거장 헌병 파견대(派遣隊)로 붙잡혀 들어갔다.

온 몸을 검사한 뒤에 조금 있다가 러시아 검찰관(檢察官)이 한국인 통역과 같이 와서 성명과 어느 나라 어느 곳에 살며, 어디로부터 와서 무슨 까닭으로 이토를 해쳤는가를 물었다. 그러므로 나는 대강 설명해 주었는데 통역하는 한국인의 한국말을 잘 알아들을 수 없었다.

그때 사진을 찍는 자가 두서너 번 있었다. 오후 8, 9시쯤 해서, 러시아 헌병 장교(將校)가 나와 함께 마차를 타고 어느 방향인지 모를 곳으로 가서, 일본 영사관에 이르러 나를 넘겨주고 가버렸다.

그 뒤에 이곳 관리가 두 차례나 심문했고, 4, 5일 뒤에 미조부치(溝淵) 검찰관이 와서 다시 신문하므로 전후 역사의 세세한 것을 공술(供述)했다. 미조부치(溝淵) 검찰관이 이토 히로부미를 가해한 일에 대해서 내게 물으므로, 나는 이렇게 대답했다.

1. 한국 명성황후를 시해한 죄요.
2. 한국 황제를 폐위시킨 죄요.
3. 5조약과 7조약을 강제로 체결한 죄요.
4. 무고한 한국인들을 학살한 죄요
5. 정권을 강제로 빼앗은 죄요.
6. 철도, 광산, 산림, 천택을 마음대로 빼앗은 죄요.
7. 제일은행권 지폐를 발행 마음대로 사용한 죄요.
8. 군대를 해산시킨 죄요.
9. 교육을 방해하고 신문 읽는 걸 금지시킨 죄요.
10. 한국인들의 외국유학을 금지시킨 죄요.
11. 교과서를 압수하여 불태워 버린 죄요.
12. 한국인이 일본인의 보호를 받고자 한다고 세계에 거짓말을 퍼뜨린 죄요.
13. 현재 한국과 일본 사이에 분쟁이 쉬지 않고 살육이 끊이지 않는데, 한국이 태평무사한 것처럼 위로 천황

을 속인 죄요.
14. 동양평화를 깨뜨린 죄요.
15. 일본 현 천황의 아버지 고메이(孝明) 선제를 죽인 죄라고 했다.

검찰관이 다 듣고 난 뒤에 놀라면서 말하였다.
"지금 진술하는 말을 들으니, 당신은 참으로 동양의 의사라 하겠다. 당신은 의사이니까 반드시 사형받는 법은 없을 것이니 걱정하지 말라."
"내가 죽고 사는 것은 논할 것 없고 이 뜻을 속히 일본 천황폐하에게 아뢰어라. 그래서 속히 이토 히로부미의 옳지 못한 정략을 고쳐서, 동양의 위급한 대세를 바로잡도록 하기를 간절히 바란다."
말을 마치자, 또 지하실 감옥에 가두었다.

다시 4~5일 뒤에,
"오늘은 여기에서 뤼쑨(旅順)으로 갈 것이다."
하였다.

그때 보니 우덕순(禹德淳), 조도선(曺道先), 유동하(劉東夏), 정대호(鄭大鎬), 김성옥(金成玉)과 또 얼굴을 알지 못하는 사람 2~3인이 같이 결박이 되어, 정거장에 이르러 기차를 타고 떠났다.

이날 창춘(長春) 헌병대에 이르러 밤을 지냈다. 이튿날 다시 기차를 타고 어떤 정거장에 닿았는데, 일본 순사 하나가

올라와서 갑자기 내 뺨을 주먹으로 후려갈기므로 내가 화가나서 욕을 하였다. 헌병 정교(正校)가 곁에 있다가 그 순사를 끌어 기차에서 내려보냈다. 그 러시아 헌병 정교가 나에게 말하였다.

"일본 한국을 불문하고 이같이 좋지 못한 사람이 있으니, 성내지 마시오."

그 이튿날 뤼쑨에 이르러 감옥에 갇히니 때는 음력 9월 21일(양력 11월 3일) 쯤이었다.

이로부터 감옥에 갇힌 뒤로 날마다 차츰 가까이 지내는 중에 전옥(典獄)과 경수계장(警守係長)과 그리고 그 참에 일반 관리들도 나를 후대하므로 나는 느꺼움을 이기지 못하고 마음 속으로 도리어 의아심을 품었다.

'이것이 침밀인가 꿈인가. 같은 일본인인데, 어째서 이같이 서로 다를 수가 있는가. 한국에 와 있는 일본인은 포악하기가 이루 다 말할 수가 없는데, 뤼쑨에 와 있는 일본인은 어째서 이같이 어질고 후한가. 한국과 뤼쑨에 있는 일본인들의 종자가 달라서 그런 것인가. 풍토기후가 달라서 그런 것인가. 한국에 있는 일본인들은 권력자인 이토 히로부미가 극악하기 때문에 그 마음을 본받아서 그러하고, 뤼쑨에 있는 일본인들은 권력을 맡은 도독(都督)이 인자해서 그 덕에 감화되어 그런 것인가.'

아무리 생각해 보아도 그 까닭을 알지 못했다.

그 뒤에 미조부치 검찰관이 한국어 통역관 소노키(園木)씨

공판을 받고 있는 4의사—안중근, 우덕순, 조도선, 유동하 4의사와 내외국 방청인들(1910년 2월 뤼순 법정).

와 함께 감옥으로 와서 10여 차례 신문했다. 그 동안에 주고받은 이야기들은 검찰관의 기록 속에 상세하게 실렸기 때문에 구태여 다시 낱낱이 쓰지 않는다.

검찰관은 늘 내게 후대를 하고, 신문한 뒤에는 언제나 이집트 담배를 주기 때문에 담배를 피워가며 공정한 토론도 하고, 또 동정하는 빛이 그 얼굴에 나타났다.

하루는 영국 변호사 한 사람과 러시아 변호사 한 사람이 찾아 와서 내게 말하였다.

"우리 두 사람은 블라디보스토크에 있는 한국인들의 위탁을 받아 변호를 하려는 것이오. 이 법원의 허가는 이미 받았으니 공판하는 날 다시 와서 만나겠소."

하고 가는 것이었다.

나는 마음 속으로 크게 놀라고 또 약간 이상스레 생각했다.

'일본의 문명한 정도가 여기까지 온 것인가. 내가 전일에는 생각이 미치지 못했던 것이다. 오늘 영국과 러시아 변호사를 허용해 주는 것을 보니 과연 세계에서 1등 국가의 행동이라 할 만하다. 그렇다면 내가 오해했던 것인가. 이 같은 과격수단을 쓴 것이 망동이었던가?'

너무도 이상하게 생각되었다.

이때 한국 내부(內部) 경시관리(警視官吏) 일본인 노인 사카이(境) 씨가 왔는데, 한국어를 너무도 잘하는 사람이어서 날마다 만나 이야기를 했다.

일본, 한국, 두 나라 사람이 상대해서 서로의 의견을 주고받으니, 정략기관은 서로 크게 다를망정, 개인적인 인정으로 차츰 친근해져서 정다운 옛친구와 다를 것이 없었다.

어느날 나는 사카이 씨에게 물었다.

"일전에 영국과 러시아 변호사가 여기 왔었는데, 그것이 법원 관리가 공평한 진심으로 허가해 준 것인가?"

그가 대답하였다.

"참말로 그러하다."

나는 다시 물었다.

"과연 그러하다면 동양의 특색이 있는 일이다. 그러나 만일 그렇지 않다면 나의 일에 대해서는 해로울지언정 이로움은 없을 것이다."

하고 웃으며 헤어졌다.

그때 전옥 구리하라(栗原) 씨와 경수계장 나카무라(中村)씨는 항상 나를 보호해 주고 후대했다.

매주일마다 한 번씩 목욕을 시켜 주고, 날마다 오전 오후 두 차례씩 감방에서 사무실로 데리고 나와 각국 고급 담배와 서양 과자와 차를 넉넉히 주어서 배불리 먹기도 했다.

또 아침 점심 저녁 세 끼니에 상등 쌀밥을 주었고 좋은 내복 한 벌을 갈아 입히고 솜이불 네 벌을 특별히 주었으며, 밀감, 배, 사과 등 과일을 날마다 두서너 차례씩 주었다.

날마다 우유도 한 병씩 주었는데 이것은 한국어 통역관 소노키 씨가 특별히 대접하는 것이었고, 미조부치 검찰관은 닭과 담배 등을 사 넣어 주었다. 이렇게 특별히 대우해 준 것에 대해서는 감사해 마지못하며 이루 다 적지 못한다.

11월쯤 되어서다. 친동생 정근(定根)과 공근(恭根) 두 사람이 한국 진남포(鎭南浦)로부터 이곳에 와서 반가이 만나 면회하였다. 서로 작별한 지 3년 만에 처음 보는 것이라 생시인지 꿈인지 분간치 못했다.

그로부터 항상 4~5일 만에, 혹은 10여 일 만에 차례로 만나 이야기를 나누었다.

한국인 변호사를 청해올 일과, 천주교 신부를 청해다가 성사(聖事)를 받을 일들을 부탁하기도 했다.

그 뒤 하루는 검찰관이 또 와서 신문하는데, 그 말과 행동이 전일과는 아주 딴판이어서 혹은 압제도 주고, 혹은 억설(臆說)도 하고, 또 혹은 능욕하고 모멸도 하는 것이었다.

나는 스스로 생각하였다.

'검찰관의 생각이 이같이 돌변한 것은 아마 제 본심이 아니요, 어디서 딴 바람이 불어닥친 것일 것이다. 그야말로 도심(道心)은 희미하고 인심은 위태롭다더니 빈 문자가 아니로구나.'

그리하여 분해서 이렇게 대답하였다.

"일본이 비록 백만 명 군사를 가졌고 또 천만 문(門)의 대포를 갖추었다 해도, 안응칠의 목숨 하나 죽이는 권세 밖에 또 무슨 권세가 있을 것이냐. 사람이 세상에 나서 한 번 죽으면 그만인데 무슨 걱정이 있을 것이냐. 나는 더 대답할 것이 없으니 마음대로 하라."

이때로부터 나의 장래 일은 크게 잘못되어져서, 공판도 반드시 그릇되게 판정될 것이 명확한 일이었다.

더욱이 말할 권리가 금지되어, 내가 목적한 바 의견을 진술할 도리가 없었다. 모든 사태를 숨기고 속이는 것이 현저했다.

이것이 무슨 까닭인가. 나는 생각해 보았다.

'이것은 반드시 굽은 것을 곧게도 만들고, 곧은 것을 굽게도 만들려 하는 것이다. 대개 법이란 것은 거울과 같아 털끝만큼도 어긋날 수 없는 것이다.

내가 한 일은 시비곡직이 이미 명백한 일인데 무엇을 숨길 것이며 무엇을 속일 것이냐. 세상 인정이란 현명한 사람이든 어리석은 사람이든 옳고 아름다운 일은 밖으로 자랑하고 싶고, 악하고 궂은 일은 반드시 남에게 숨기고 꺼리게 되는 것이다. 그런 이치를 미루어 생각하면 이들이 하려는 짓을 알 수 있다.'

이때 나는 분함을 참을 수 없어, 두통이 심했는데 며칠 뒤에야 나았다. 그리고 그 뒤로 한 달 남짓 무사하게 지났는데 이 또한 이상한 일이었다.

어느 날 검찰관이 나에게 이렇게 말했다.

"공판일이 이미 6~7일 뒤로 정해졌다. 그런데 영국 변호사나 러시아 변호사는 일체 허가되지 않고, 이곳에 있는 관선 변호사를 쓰게 되었다."

나는 스스로 생각했다.

'내가 전일 상, 중 두 가지로 생각하고 바랐는데 그것은 지나친 생각이었고, 이제는 하의 판결에 지나지 않을 것이다.'

그 뒤 공판 첫날 법원 공판석에 이르렀다. 정대호, 김성옥 등 다섯 사람은 이미 무사히 풀려 돌아갔고, 다만, 우덕순, 조도선, 유동하 3인은 나와 함께 피고로 출석하게 되었다. 방청인도 수백 명이었다.

그때 한국인 변호사 안병찬(安秉瓚) 씨와 전일 허가를 받았다던 영국인 변호사가 모두 와서 참석했다. 그러나 막무가내로 변호권을 주지 않았기 때문에 다만 방청할 따름이었다.

그때 재판관이 출석하여 검찰관이 심문한 문서에 의해서 대강의 경위를 신문하였다. 도중에 내가 자세한 의견을 진술하려 하면, 재판관은 그저 회피하며 입을 막으므로 설명할 도리가 없었다.

나는 이미 그 까닭을 알기 때문에 하루는 그 기회를 타서 몇 가지 목적을 설명하려 했다. 그랬더니 재판관은 문득 놀라 자리에서 일어나 방청을 금지시키고 다른 방으로 물러 갔다.

나는 스스로 생각했다.

'내 말 속에 칼이 들어 있어서 그러는가. 총과 대포가 들어 있어서 그러는가. 마치 맑은 바람이 한 번 불면 쌓였던 먼지가 모두 흩어지는 것과 같아서 그런 것이리라. 이것은 다른 까닭이 아니다. 내가 이토의 죄명을 말하는 중에 일본 고메이 텐노(孝明天皇)를 죽인 대목에 이르자 이같이 좌석을 깨어버리고 만 것이리라.'

그러더니 조금 뒤에 재판관이 다시 출석하여 나에게
"다시는 그 같은 말을 하지 말라."
는 것이었다.

이때 나는 얼마 동안 묵묵히 앉아 생각했다.

'마나베(眞鍋) 판사가 법률을 몰라서 이렇게 하는가. 천황의 목숨이 대단치 않아서 이렇게 하는 것인가. 이토가 세운 관리라 이러한 것인가. 어째서 이런 것인가. 가을 바람에 크게 취해서 이런 것인가.

오늘 내가 당하는 이 일이 생시인가, 꿈인가. 나는 당당한 대한국 국민인데 왜 오늘 일본 감옥에 갇혀 있는 것인가. 더욱이 일본 법률에 따라 재판을 받는 까닭이 무엇인가. 내가 언제 일본에 귀화라도 한 사람인가.

판사도 일본인, 검사도 일본인, 변호사도 일본인, 통역관도 일본인, 방청인도 일본인! 이야말로 벙어리 연설회냐. 귀머거리 방청이냐.

이것이 진정 꿈속 세계냐, 만일 꿈이라면 어서 깨어라, 어서 빨리 깨려무나!'

이러한 지경에 설명해서 무엇하랴. 아무런 말도 소용이 없었다. 그래서 나는 웃으며 대답하였다.

"재판관 마음대로 하라. 나는 다시는 아무런 말도 하지 않겠다."

그 이튿날 검찰관이 피고의 죄상을 설명하였다. 그리하여 종일토록 쉬지 않고 입술이 깨지고 혓바닥이 닳도록 말하다가 기진맥진해서 끝내며, 마침내 나를 사형에 처하도록 청하는 것뿐이었다.

내가 사형당하는 이유를 물어보았다.

"이런 사람이 세상에 살아 있으면 많은 한국인이 그 행동을 본뜰 것이라 일본인들이 두려워하고 겁이 나서 편안하게 살 도리가 없을 것이기 때문이다."

는 것이었다.

나는 싸늘한 웃음을 지으며 스스로 생각했다.

'옛부터 지금에 이르기까지, 세계 각국에 협객과 의사가 끊이지 않는데 그들이 모두 나를 본떠서 그랬단 것인가. 속담에 어떤 사람이든지 열 사람의 재판관과 친해지기보단 한 가지 죄 없기를 원한다더니 정녕 옳은 말이다. 만일 일본인이 죄가 없다면 무엇 때문에 한국인을 두려워하고 겁낼 것인가. 그 많은 일본인 가운데 왜 이토 한 사람만 해를 입었던가. 오늘 또다시 한국인을 겁내는 일본인이 있다 하면 그야말로 이토와 같은 목적을 가진 사람이 아니겠는가.

더구나 내가 사사로운 혐오로 이토에게 해를 가했다고 하는데, 내가 본시 이토를 알지 못하거늘 무슨 사사로운 혐오가 있을 것인가. 만일 내가 이토에게 사사로운 혐오가 있어서 그랬다면, 검찰관은 나와 무슨 사사로운 혐오가 있어서 이러는 것인가. 만일 검찰관이 하는 말대로 한다면 세상에는 공법(公法)·공사(公事)가 없고, 모두 사정(私情)·사혐(私嫌)에서 나온다고 해야겠다. 그렇다면 미조부치 검찰관이 사사로운 혐오로써 나를 사형에 처하도록 청하는 것에 대해서 또 다른 검찰관이 미조부치의 죄를 심사한 뒤에 형벌을 청하는 것이 공리에 합당할 것이다. 그렇게 할 양이면 세상 일이 언제 끝나는 날이 올 것인가

또 이토가 일본 천지에서 가장 높고 큰 인물이어서 일본 4천만 신민이 모두 경외하기 때문에, 그래서 내 죄가 역시 극히 중대하기에 중대한 형벌을 청구하는 것으로 생각한다. 그렇다면 왜 하필 사형을 청구하는 것인가.

일본인이 재주가 없어 사형보다 더한, 극히 중대한 형벌을 미리 마련해 두지 못했기 때문인가, 아니면 형을 경감해 준다고 생각해서 한 것이 그런 것인가.'

나는 천번 만번 생각해 보아도 이유 곡절을 분간할 길이 없어 의아할 따름이었다.

그 이튿날 미즈노(水野)·가마다(鎌田) 두 변호사가 변론을

하였다.

"피고의 범죄는 분명하고 의심할 바가 없다. 그러나 그것이 오해에서 된 일이므로 그 죄가 중대하지는 아니하다. 더구나 한국인민에게 대해서는 일본 사법관의 관할권이 없다."

그러므로 나는 다시 변명해서 이렇게 말했다.

"이토의 죄상은 천지신명과 사람이 모두 다 아는 일인데 무슨 오해란 말인가. 더구나 나는 개인으로 사람을 죽인 범죄인이 아니다. 나는 대한국 의병 참모중장의 의무로, 임무를 띠고 하얼빈에 이르러 전쟁을 일으켜 습격한 뒤 포로가 되어 이곳에 온 것이다. 뤼쑨 지방재판소와는 전연 관계가 없는 일이니, 만국공법과 국제공법으로써 판결하는 것이 옳다."

이때 시간이 이미 다 되어, 재판관이 말하였다.

"모레 다시 와서 선고를 하겠다."

나는 스스로 생각하였다.

'모레면 일본국 4천7백만 인격의 근수를 달아보는 날이다. 어디 경중 고하를 지켜보리라.'

그날 법원에 이른즉, 마나베(眞鍋) 재판관이 선고하였다.

"안중근은 사형에 처한다. 그리고 우덕순은 3년 징역, 조도선, 유동하는 각각 1년 반 징역에 처한다."

검찰관도 똑같은 말을 하는 것이었다. 그리고 공소 일자는 5일 이내로 다시 정하겠다 하고는 더 말이 없이 부랴부랴 공판을 끝내고 흩어졌다. 때는 1910년 경술 정월 초3일(음력)이었다.

나는 감옥으로 돌아와 스스로 생각하였다.

'내가 생각했던 것에서 역시 벗어나지 않았다. 옛날부터 허다한 충의로운 지사들이 죽음으로써 윗사람의 잘못을 간하고 정략을 세운 것이 뒷날의 역사에 맞지 않은 것이 없다. 이제 내가 동양의 대세를 걱정하여 정성을 다하고 몸을 바쳐 방책을 세우다가, 끝내 허사로 돌아가니 통탄한들 무엇하랴.

그러나 일본국 4천만 민족이 〈안중근의 날〉을 크게 외칠 날이 머지않아 올 것이다. 동양의 평화가 이렇게 깨어지니 백 년 비바람이 어느 때에 그치리요. 지금의 일본 당국자가 조금이라도 양식이 있다면 이 같은 정략은 결코 쓰지 않을 것이다.

더구나 만일 염치와 공정한 마음이 있었던들 어찌 능히 이 같은 행동을 할 수 있을 것인가.

지난 1895년(을미년)에 한국에 와 있던 일본 공사 미우라(三浦)가 병정을 몰고 대궐을 침범하여 한국의 명성황후(明成皇后) 민씨를 시해했으나, 일본 정부는 미우라를 아무런 처벌도 하지 않고 석방했다. 그 내용을 살펴보면 반드시 명령하는 자가 있어서 그렇게 한 것이 분명하다. 그런데 오늘에 이르러 나의 일로 말하면, 비록 개인간의 살인죄라고 할지라도, 미우라의 죄와 나의 죄가 어느 쪽이 중하며 어느 쪽이 경한가. 그야말로 머리가 깨어지고 쓸개가 찢어질 일이 아니냐.

내게 무슨 죄가 있느냐, 내가 무슨 죄를 범했느냐.'

천번 만번 생각하다가 문득 크게 깨달은 뒤에 손뼉을 치며 크게 웃으며 말하였다.

"나는 과연 큰 죄인이다. 다른 죄가 아니라, 내가 어질고 약한 한국 인민 된 죄로다."

이렇게 생각하자, 마침내 의심이 풀려 안심이 되었다.

그 뒤에 전옥 구리하라(栗原) 씨의 특별소개로 고등법원장 히라이시(平石) 씨와 만나 담화했는데, 나는 사형판결에 대하여 불복하는 이유를 대강 설명한 뒤에 동양 대세의 관계와 평화정략의 의견을 말했다. 그랬더니, 고등법원장이 다 듣고 난 뒤에 감개하며 대답해 말하였다.

"내가 그대에게 대해서 비록 두터이 동정하지마는, 정부 주권의 기관을 고칠 수 없는 것을 어찌하겠는가. 다만 그대의 진술하는 의견을 정부에 품달하겠다."

나는 그 말을 듣고, 속으로 고맙게 여기며 말하였다.

"이같이 공정한 논평이 우뢰처럼 귀를 스치니 일생에 두 번 듣기 어려운 일이다. 이 같은 공의(公義) 앞에서야 비록 목석이라도 감복하겠다."

그리고 다시 청하였다.

"만일 허가될 수 있다면, 동양평화론 1권을 저술하고 싶으니, 사형집행 날짜를 한 달 남짓 늦추어 줄 수 있겠는가."

그랬더니 고등법원장이 대답하였다.

"어찌 한 달 뿐이겠는가. 설사 몇 달이 걸리더라도 특별히

명성황후와 아관파천 후 고종의 집무실(러시아 공관)—1895년 8월 20일 일본공사 미우라(三浦梧樓)의 흉계에 의해 살해된 민비(고종의 비)와 시해 후 고종이 신변의 위협을 피해 1년 반 동안 침전 및 집무실로 사용했던 러시아 공사관.

허가하겠으니 걱정하지 말라."

나는 감사하기를 마지못하고 돌아와, 공소권 청구를 포기했다.

설사 공소를 한다고 해도 아무런 이익도 없을 것이 뻔할 뿐더러, 고등법원장의 말이 과연 진담이라고 하면 굳이 더 생각할 것도 없어서였다.

그래서 〈동양평화론〉을 저술하기 시작했다. 그때 법원과 감옥의 일반관리들이, 내 손으로 쓴 글로써 필적을 기념하고자 비단과 종이 수백 장을 사 넣으며 청구하였다. 나는 부득이 자신의 필법이 능하지 못하고, 또 남의 웃음거리가 될 것도 생각지 못하고서, 매일 몇 시간씩 글씨를 썼다.

내가 감옥에 있는 동안 특별히 친한 벗 두 사람이 있었는데, 한 사람은 부장 아오키(靑木) 씨요, 한 사람은 간수 다나카(田中) 씨였다.

아오키 씨는 성질이 어질고 공평하고, 다나카 씨는 한국어에 능통해서, 나의 일동일정을 두 사람이 돌보아 주었기 때문에 나와 두 사람은 정이 들어 서로 형제와 같았다.

그때 천주교회 선교사 홍 신부가 나의 영생 영락하는 성사를 해주기 위해서, 한국으로부터 이곳에 와서 나와 서로 면회하니 꿈과 같고 취한 것 같아 기쁨을 감당할 길이 없었다.

그는 본시 프랑스 사람으로서 파리에서 동양 전교회 신품(神品)학교를 졸업한 뒤에 동정을 지키고 신품성사(神品聖事)를 받아 신부로 승격했다.

그는 재주가 출중해서 많은 학문을 널리 펴서, 영어·불어·독일어·로마 고대어까지 모르는 것이 없는 이였다.

1890년쯤에 한국에 와서 한성과 인천항에서 몇 해를 살았고, 그 뒤 1895, 6년쯤에 다시 황해도 등지로 내려와서 전교할 때에 내가 입교하여 영세를 받고, 그 뒤에도 같이 있었다. 그러니 오늘 이곳에서 다시 만날 줄 누가 생각이나 했겠는가. 그의 나이는 53세였다.

그때 홍 신부가 내게 성교의 도리를 가지고 훈계한 뒤에 이튿날 고해(告解)성사를 주고, 또 이튿날 아침 감옥에 와서 미사 성제대례를 거행하고, 성체성사로 천주의 특별한 은혜를 받으니, 감사하기 이를 길 없었는데 이때 감옥에 있던 일반 관리들이 모두 와서 참례했다.

그 이튿날 오후 2시쯤에 또 와서 내게 말하였다.

"오늘 한국으로 돌아 가겠기에 작별하러 왔다."

홍 신부와 나는 서로 이야기하기를 몇 시간 동안 한 뒤에 손목을 잡고 작별하며 내게 말하였다.

"인자하신 천주께서 너를 버리지 않을 것이요, 반드시 거두어 주실 것이니 안심하고 있으라."

그리고 손을 들어 나를 향하여 강복한 뒤에 떠나가니, 때는 1910년 경술 2월 초하루(음력) 오후 2시쯤이었다.

이상이 안중근의 32년 동안의 역사의 대강(大綱)이다.

> 1910년 경술 음력 2월 5일(양력 3월 15일)
> 뤼쑨(旅順) 옥중에서
> 대한국인 안중근이 쓰다.

부 록

동양평화론(東洋平和論)
인심결합론(人心結合論)
안 의사 유묵 소개
대한매일신보 게재 기사
옥중 서신
최후 공판 기록
의거 전후 기록

동양평화론(東洋平和論)

서 문

대저 합치면 성공하고 흩어지면 패망한다는 것은 만고에 분명히 정해져 있는 이치이다. 지금 세계는 동서(東西)로 나뉘어져 있고 인종도 각각 달라 서로 경쟁하고 있다. 일상생활에서 실용기계 연구에 농업이나 상업보다 더욱 열중하고 있다. 그러나, 새 발명인 전기포(電氣砲:기관총), 비행선(飛行船), 침수정(浸水艇:잠수함)은 모두 사람을 상하게 하고 사물(事物)을 해치는 기계이다.

청년들을 훈련시켜 전쟁터로 몰아넣어 수많은 귀중한 생명들을 희생물(犧牲物:하늘과 땅이나 사당의 신에게 제사지낼 때 쓰는 짐승. 소, 돼지, 양 따위)처럼 버려, 피가 냇물을 이루고, 고기가 질펀히 널려짐이 날마다 그치질 않는다.

삶을 좋아하고 죽음을 싫어하는 것은 모든 사람의 한결같은 마음이거늘 밝은 세계에 이 무슨 광경이란 말인가. 말과 생각이 이에 미치면 뼈가 시리고 마음이 서늘해진다.

그 근본을 따져보면 예로부터 동양민족은 다만 문학(文學)

에만 힘쓰고 제 나라만 조심해 지켰을 뿐이지 도무지 한치의 유럽 땅도 침입해 뺏지 않았다는, 오대주(5大洲) 위의 사람이나 짐승, 초목까지 다 알고 있는 사실에 기인한다.

그런데 유럽의 여러 나라들은 가까이 수백 년 이래로 도덕(道德)을 까맣게 잊고 날로 무력을 일삼으며 경쟁하는 마음을 양성해서 조금도 꺼리는 기색이 없다. 그 중 러시아가 더욱 심하다. 그 폭행과 잔인한 해악이 서구(西歐)나 동아(東亞)에 어느 곳이고 미치지 않는 곳이 없다.

악이 차고 죄가 넘쳐 신(神)과 사람이 다같이 성낸 까닭에 하늘이 한 매듭을 짓기 위해 동해 가운데 조그만 섬나라인 일본으로 하여금 이와 같은 강대국인 러시아를 만주대륙에서 한 주먹에 때려눕히게 하였다. 누가 능히 이런 일을 헤아렸겠는가. 이것은 하늘에 순응하고 땅의 배려를 얻은 것이며 사람의 정에 응하는 이치이다.

당시 만일 한(韓)·청(淸) 두 나라 국민이 상하가 일치해서 전날의 원수를 갚고자 해서 일본을 배척하고 러시아를 도왔다면 큰 승리를 거둘 수 없었을 것이나 어찌 그것을 예상할 수 있었겠는가.

그러나 한·청 두 나라 국민은 이와 같이 행동하지 않았을 뿐만 아니라 도리어 일본군대를 환영하고 그들을 위해 물건을 운반하고, 도로를 닦고, 정탐하는 등 일의 수고로움을 잊고 힘을 기울였다. 이것은 무슨 이유인가.

거기에는 두 가지 큰 사유가 있었다.

일본과 러시아가 개전할 때, 일본천황이 선전포고하는 글에 '동양평화를 유지하고 대한독립을 공고히 한다'라고 했다. 이와 같은 대의(大義)가 청천백일(靑天白日)의 빛보다 더 밝았기 때문에 한·청 인사는 지혜로운 이나 어리석은 이를 막론하고 일치동심해서 복종했음이 그 하나이다. 또한 일본과 러시아의 다툼이 황백인종(黃白人種)의 경쟁이라 할 수 있으므로 지난날의 원수졌던 심정이 하루아침에 사라져 버리고 도리어 큰 하나의 인종 사랑 무리[愛種黨]를 이루었으니 이도 또한 인정의 순리라 가히 합리적인 이유의 다른 하나이다.

통쾌하도다! 장하도다! 수백 년 동안 행악하던 백인종의 선봉을 북소리 한 번에 크게 부수었다. 가히 천고의 희한한 일이며 만방이 기념할 자취이다. 당시 한국과 청국 두 나라의 뜻있는 이들이 기약없이 함께 기뻐해 마지않은 것은 일본의 정략(政略)이나 일 헤쳐나감이 동서양 천지가 개벽한 뒤로 가장 뛰어난 대사업이며 시원스런 일로 스스로 헤아렸기 때문이었다.

슬프다! 천만 번 의외로 승리하고 개선한 후로 가장 가깝고 가장 친하며 어질고 약한 같은 인종인 한국을 억압하여 조약을 맺고, 만주의 창춘(長春) 이남인 한국을 조차(租借)를 빙자하여 점거하였다. 세계 모든 사람의 머릿속에 의심이 홀연히 일어나서 일본의 위대한 명성(名聲)과 정대한 공훈이 하루아침에 바뀌어 만행을 일삼는 러시아보다 더 못된 나라로 보이게 되었다.

슬프다. 용과 호랑이의 위세로서 어찌 뱀이나 고양이 같은 행동을 한단 말인가. 그와 같이 좋은 기회를 어떻게 다시 만날 수 있단 말인가. 안타깝고 통탄할 일이로다.

동양 평화와 한국 독립에 대한 문제는 이미 세계 모든 나라의 사람들 이목에 드러나 금석(金石)처럼 믿게 되었고 한·청 두 나라 사람들의 뇌리에 깊이 새겨져 있음에랴! 이와 같은 사상은 비록 천신의 능력으로도 소멸시키기 어려울 것이거늘 하물며 한두 사람의 지모(智謀)로 어찌 말살할 수 있겠는가.

지금 서양 세력이 동양으로 뻗쳐오는[西勢東漸] 환난을 동양 사람이 일치 단결해서 극력 방어함이 최상책이라는 것은 비록 어린아이일지라도 익히 아는 일이다. 그런데도 무슨 이유로 일본은 이러한 순리의 형세를 돌아보지 않고 같은 인종인 이웃나라를 치고 우의(友誼)를 끊어 스스로 방휼의 형세(蚌鷸之勢:조개와 도요새가 서로 물고 물리며 다투는 형세. 이 때 어부가 나타나면 힘 안 들이고 잡아가게 된다고 해서 어부지리[漁父之利]라는 말이 생겼다)를 만들어 어부(漁夫)를 기다리는 듯 하는가. 한·청 양국인의 소망은 크게 깨져 버리고 말았다.

만약 일본이 정략을 고치지 않고 핍박이 날로 심해진다면 부득이 차라리 다른 인종에게 망할지언정 차마 같은 인종에게 욕을 당하지 않겠다는 소리가 한·청 두 나라 사람의 폐부(肺腑)에서 용솟음쳐서 상하 일체가 되어 스스로 백인(白人)의 앞잡이가 될 것이 불을 보듯 뻔한 형세이다.

그렇게 되면 동양의 수억 황인종 가운데 수많은 뜻있는

인사와 정의로운 사나이가 어찌 수수방관(袖手傍觀)하고 앉아서 동양 전체가 까맣게 타죽는 참상을 기다리기만 할 것이며 또한 그렇게 하는 것이 옳겠는가. 그래서 동양 평화를 위한 의전(義戰)을 하얼빈에서 개전하고, 담판(談判)하는 자리를 뤼쑨구(旅順口)로 정했으며, 이어 동양평화 문제에 관한 의견을 제출하는 바이다. 여러분의 눈으로 깊이 살펴보아 주기 바란다.

1910년 경술 2월
대한국인 안중근
뤼쑨 옥중에서 쓰다

전감(前鑑)
(앞사람이 한 일을 거울삼아 스스로를 경계한다. 여기서는 지난 역사를 되새겨 일본 군국주의의 무모함을 경계하는 뜻).

예로부터 지금에 이르기까지 동서남북의 어느 주(洲)를 막론하고 헤아리기 어려운 것은 대세(大勢)의 번복(飜覆)이고, 알 수 없는 것은 인심의 변천이다.

지난날(甲午年:1894년) 청일전쟁(淸日戰爭)을 보더라도 그때 조선국의 좀도둑[鼠竊輩] 동학당(東學黨)이 소요를 일으킴으로 인해서 청·일 양국이 함께 병력을 동원해서 건너왔고 무단히 개전(開戰)해서 서로 충돌하였다.

일본이 청국을 이기고 승승장구, 랴오뚱(遼東)의 반을 점령하였다. 군사 요지인 뤼쑨(旅順)을 함락시키고 황해함대(黃海艦隊)를 격파한 후 마관(馬關)에서 담판을 벌여 조약을 체결하여 타이완(臺灣)을 할양받고 2억 원을 배상금으로 받기로 하였다. 이는 일본의 유신(維新) 후 하나의 커다란 기념사이다.

청국은 물자가 풍부하고 땅이 넓어 일본에 비하면 수십 배는 되는데 어떻게 해서 이와 같이 패했는가.

예로부터 청국인은 스스로를 중화대국(中華大國)이라 일컫고 다른 나라를 오랑캐[夷狄]라 일러 교만이 극심하였다. 더구나 권신척족(權臣戚族)이 국권을 멋대로 희롱하고 신하와 백성이 원수를 삼고 위아래가 불화했기 때문에 이와 같이 욕을 당한 것이다.

한편 일본은 메이지 유신 이래로 민족이 화목하지 못하고 다툼이 끊임이 없었으나, 외교상의 전쟁이 생겨난 후로는 집안싸움[同室操戈之變]이 하루아침에 화해가 되고 연합하여, 한 덩어리 애국당(愛國黨)을 이루었으므로 이와 같이 개가를 올리게 된 것이다. 이것이 이른바 친근한 남이 다투는 형제보다 못 하다는 것이다.

이 때의 러시아의 행동을 기억해야 한다. 당일에 동양함대(東洋艦隊)가 조직되고 프랑스, 독일 양국이 연합하여 요코하마(橫濱) 해상에서 크게 항의를 제출하니 랴오뚱 반도(半

島)가 청국에 돌려지고 배상금은 감액되었다. 그 외면적인 행동을 보면 가히 천하의 공법(公法)이고 정의라 할 수 있으나 그러나 그 내용을 들여다보면 호랑이와 이리의 심술보다 더 사납다.

불과 수년 동안에 러시아는 민첩하고 교활한 수단으로 뤼쑨을 조차(租借)한 후에 군항(軍港)을 확장하고 철도를 부설하였다. 이런 일의 근본을 생각해 보면 러시아 사람이 수십 년 이래로 펑티엔 이남(奉天以南) 다롄(大連), 뤼쑨, 뉴쥬앙(牛莊) 등지에 부동항(不凍港) 한 곳을 억지로라도 가지고 싶은 욕심이 불같고 밀물 같았기 때문이다. 그러나 청국이 한번 영(英)·불(佛) 양국의 톈진(天津) 침략을 받은 이후로 관뚱(關東)의 각 진영에 신식 병마(兵馬)를 많이 설비했기 때문에 감히 손을 쓸 마음을 먹지 못하고 단지 끊임없이 침만 흘리면서 오랫동안 때가 오기를 기다리고 있었다. 이 때에 이르러 셈이 들어맞은 것이다.

이런 일을 당해서 일본인 중에도 식견이 있고 뜻이 있는 자는 누구라도 창자가 갈기갈기 찢어지지 않았겠는가. 그러나 그 이유를 따져보면 이 모두가 일본의 과실이었다. 이것이 이른바 구멍이 있으면 바람이 들어오는 법이요. 자기가 치니까 남도 친다는 격이다. 만일 일본이 먼저 청국을 침범하지 않았다면 러시아가 어찌 감히 이와 같이 행동했겠는가. 가히 제 도끼에 제 발등 찍힌 격이다.

이로부터 중국 전체의 모든 사회 언론이 들끓었으므로

무술개변(戊戌改變:캉유웨이[康有爲], 량치챠오[梁啓超] 등 변법파[變法派]에 의한 변법자강운동[變法自疆運動]. 1898년 이른바 백일유신[百日維新]은 겨우 100일 만에 실패로 끝났지만 그 영향은 지대한 것이었다)이 자연히 양성(釀成)되고 의화단(義和團:중국 백련교계[白蓮敎系] 등의 비밀결사. 청일전쟁 후 제국주의 열강의 압력에 항거해서 1900년대에 산뚱성[山東省] 여러 주현[州縣]에서 표면화하여 베이징[北京], 톈진 등지에 확대되었다. 반제반만배척운동[反帝反滿排斥運動]의 주체였다)이 들고일어났으며 일본과 서양을 배척하는 난리가 치열해졌다.

그래서 8개국 연합군이 보하이(渤海) 해상에 운집하여 톈진이 함락되고 베이징(北京)이 침입을 받았다. 청국 황제가 시안(西安)으로 파천하는가 하면 군민(軍民)할 것 없이 상해를 입은 자가 수백만 명에 이르고 금은재화의 손해는 그 숫자를 헤아릴 수 없었다.

이와 같은 참화는 세계 역사상 드문 일이고 동양의 일대 수치일 뿐만 아니라 장래 황인종과 백인종 사이의 분열경쟁이 그치지 않을 징조를 나타낸 것이다. 어찌 경계하고 탄식하지 않을 것인가.

이 때 러시아 군대 11만이 철도 보호를 핑계로 만주 경계지역에 주둔해 있으면서 끝내 철수하지 않으므로 러시아 주재 일본공사 구리노(栗野)가 혀가 닳고 입술이 부르트도록 폐단을 주장하였지만 러시아 정부는 들은 체도 않을 뿐 아니라 도리어 군사를 증원하였다.

슬프다! 러·일 양국 간의 대참화는 끝내 모면하지 못하였다. 그 원인을 논하자면 필경 어디로 돌아갈 것인가. 이것이야말로 동양의 일대전철(一大前轍)이다.

당시 러·일 양국이 각각 만주에 출병할 때 러시아는 단지 시베리아 철도로 80만 군비(軍備)를 실어내었으나 일본은 바다를 건너고 남의 나라를 지나 4, 5군단과 중장비, 군량을 육지와 바다 양 편으로 랴오허(遼河) 일대에 수송했다. 비록 예정된 계산이었다고는 하지만 어찌 위험하지 않았겠는가. 결코 만전지책(萬全之策)이 아니요 참으로 무모한 전쟁이라 할 수밖에 없다.

그 육군이 잡은 길을 보면 한국의 각 항구와 성경(盛京), 전주만(全州灣) 등지로, 육지에 내릴 때는 4, 5천리를 지나왔으니, 수륙(水陸)의 괴로움을 말하지 않아도 짐작할 수가 있다.

이때 일본군이 다행히 연전연승은 했지만 함경도(咸鏡道)를 아직 벗어나지 못했고 뤼순을 격파하지 못했으며 펑티엔에서 채 이기지 못했을 즈음이다.

만약 한국의 관민(官民)이 다 같이 한 목소리로 을미년(乙未年, 1895년)에 일본인이 한국의 명성황후(明成皇后) 민씨(閔氏)를 무고히 시해한 원수를 이 때 갚아야 한다고 사방에 격문을 띄우고 일어나서, 함경·평안 양도 사이에 있던 러시아 군대가 생각지 못했던 곳을 찌르고 나와 전후좌우로 충돌하며, 청국도 또한 상하가 협동해서 지난날 의화단 때처럼 들고일어나 갑오년(甲午年, 청일전쟁)의 묵은 원수를 갚겠다고 하면서 베이칭(北淸) 일대의 국민이 폭동을 일으키고 허실(虛

實)을 살펴 방비 없는 곳을 공격하며 가이핑(盖平), 랴오양(遼陽) 방면으로 유격기습을 벌여 나가 싸우고 물러가 지켰다면, 일본군은 남북이 분열되고 배후에 적을 맞아 사면으로 포위당하는 비탄함을 면하기 어려웠을 것이다.

만일 이런 지경에 이르렀다면 뤼쑨, 펑티엔 등지의 러시아 장병들의 예기(銳氣)가 드높아지고 기세가 배가(倍加)되어 앞뒤로 가로막고 좌충우돌했을 것이다.

그렇게 되면 일본군의 세력이 머리와 꼬리가 맞아떨어지지 못하고 중장비와 군량미를 이어댈 빙도가 아득해졌을 것이다. 그러하면 야마가타[山縣有朋:러일전쟁 당시 2군사령관]와 노기[乃木希典:러일전쟁 당시 3군사령관] 대장의 경략(經略)은 틀림없이 헛된 일이 되었을 것이다.

또한 청국 정부와 주권자도 야심이 폭발해서 묵은 원한을 갚게 되었을 것이고, 때도 놓치지 않았을 것이다.

이른바 만국공법(萬國公法)이라느니 엄정중립(嚴正中立)이라느니 하는 말들은 모두 근래 외교가(外交家)의 교활하고 왜곡된 술수이니 말할 것조차 되지 못한다. 병불염사(兵不厭詐:군사행동에서 적을 속이는 것도 마다하지 않는다), 출기불의(出其不意:의외의 허점을 찌르고 나간다), 병가묘산(兵家妙算:군사가의 교묘한 셈) 운운하면서 관민(官民)이 일체가 되어 명분 없는 군사를 출동시키고 일본을 배척하는 정도가 극렬 참독(慘毒)해졌다면 동양 전체를 휩쓸 백년풍운(百年風雲)을 어떻게 할 것인가.

만약 이와 같은 지경이 되었다면 구미 열강이 아주 좋은 기회를 얻었다 해서 각기 앞을 다투어 군사를 충돌시켰을 것이다.

그 때 영국은 인도, 홍콩 등지에 주둔하고 있는 육해군을 한꺼번에 출동시켜 웨이하이웨이(威海衛:산뚱 반도에 위치한 군항) 방면에 집결시켜 놓고는 필시 강경수단으로 청국 정부와 교섭하고 추궁했을 것이다. 또 프랑스는 사이공, 마다가스카르 섬에 있는 육군과 군함을 일시에 지휘해서 아모이 등지로 모여들게 했을 것이고, 미국, 독일, 벨기에, 오스트리아, 포르투갈, 그리스 등의 동양 순양함대는 보하이(渤海) 해상에서 연합하여 합동조약을 예비하고 이익을 같이 나누기를 희망했을 것이다.

그렇게 되면 일본은 별수없이 밤새워 전국의 군사비(軍事費)와 국가 재정(財政)을 통틀어 뗀 뒤에 만수와 한국으로 곧바로 수송했을 것이다.

한편, 청국은 격문을 사방으로 띄우고 만주, 산뚱, 허난(河南), 찡낭(荊襄) 등지의 군대와 의용병을 매우 급히 소집해서 용전호투(龍戰虎鬪)하는 형세로 일대풍운(一大風雲)을 자아냈을 것이다. 만약 이러한 형세가 벌어졌다면 동양의 참상은 말하지 않아도 상상하고도 남음이 있다.

이때 한·청 두 나라는 그렇게 하지 않았을 뿐만 아니라 오히려 약장(約章)을 준수하고 털끝만큼도 움직이지 않아 일본으로 하여금 위대한 공훈을 만주땅 위에 세우게 했다. 이로 보면 한·청 두 나라 인사의 개명(開明) 정도와 동양평화를 희망하는 정신을 충분히 알 수 있다. 그러하니 동양의 뜻 있는 인사들의 깊이 생각한 헤아림은 가히 뒷날의 경계가 될 것이다. 그런데 그 때 러·일전쟁이 끝날 무렵 강화조약(講和條約) 성립을 전후해서 한·청 두 나라 뜻 있는 인사들의 허다한 소망이 다 부서지고 말았다.

당시 러·일 두 나라의 전세를 논한다면 한번 개전한 이후로 크고 작은 교전(交戰)이 수백 차례였으나 러시아군대는 연전연패(連戰連敗)로 상심낙담하여 멀리서 모습만 바라보고서도 달아났다.

한편 일본군대는 백전백승, 승승장구하여 동으로는 블라디보스토크 가까이 이르고 북으로는 하얼빈에 육박하였다. 사세가 여기까지 이른 바에야 기회를 놓쳐서는 안 될 일이었다. 이왕 벌인 일이니 비록 전 국력을 기울여서라도 한두 달 동안 사력을 다해 진취하면 동으로 블라디보스토크를 뽑고 북으로 하얼빈을 격파할 수 있었음은 명약관화한 형세였다.

만약 그렇게 되었다면 러시아의 백년대계는 하루아침에 필시 토붕와해(土崩瓦解)의 형세가 되었을 것이다. 그런데 무슨 이유로 그렇게 하지 않고 도리어 은밀히 구구하게 먼저 강화를 청해, (화를) 뿌리째 뽑아버리는 방도를 추구하지 않았는지, 가히 애석한 일이다.

더구나 러·일 강화 담판을 보더라도 천하에 어떻게 워싱턴을 담판할 곳으로 정하였단 말인가. 당시 형세로 말한다면 미국이 비록 중립(中立)으로 편파적인 마음이 없었다고는 하지만 짐승들이 다투어도 오히려 주객이 있고 텃세가 있는 법인데 하물며 인종의 다툼에 있어서랴.

일본은 전승국이고 러시아는 패전국인데 일본이 어찌 제 본뜻대로 정하지 못했는가. 동양에는 마땅히 알맞은 곳이 없어서 그랬단 말인가.

고무라 쥬타로(小村壽太郞) 외상(外相)이 구차스레 수만 리 밖 워싱턴까지 가서 (포츠머스)강화조약을 체결할 때에 사할린 절반을 벌칙조항(罰則條項)에 넣은 일은 혹 그럴 수도 있어 이상하지 않지만, 한국을 그 가운데 첨가해 넣어 우월권(優越權)을 갖겠다고 한 것은 근거도 없는 일이고 합당하지도 않은 처사이다.

지난날 마관(馬關) 조약(청일 전쟁 후 이토 히로부미와 리홍짱이 체결한 시모노세키 조약) 때는 본시 한국은 청국의 속방(屬邦)이었으므로 그 조약 중에 간섭이 반드시 있게 마련이었지만 한·러 두 나라 사이는 처음부터 관계가 없는 터인데 무슨 이유로 그 조약 가운데 들어가야 했단 말인가.

일본이 한국에 대해서 이미 큰 욕심을 가지고 있었다면 어찌 자기 수단껏 자유로이 행동하지 못하고 이와 같이 유럽 백인종과의 조약 가운데 삽입하여 영원히 문제가 되게 만들었단 말인가. 도무지 어이가 없는 처사이다. 또한 미국대통령이 이미 중재하는 주인공이 되었는지라 곧 한국이 유럽과 미국 사이에 끼어있는 것처럼 되었으니 중재자도 필시 크게 놀라서 조금은 기이하게 여겼을 것이다. 같은 인종을 사랑하는 의리로서는 만에 하나라도 승복할 수 없는 이치이다.

또한 (미국대통령이) 노련하고 교활한 수단으로 고무라 외상을 농락하여 바다 위 섬의 약간의 조각 땅과 파선(破船), 철도 등 잔물(殘物)을 배상으로 나열하고서 거액의 벌금은 전부 파기시켜 버렸다.

만일 이 때 일본이 패하고 러시아가 승리해서 담판하는 자리를 워싱턴에서 개최했다면 일본에 대한 배상요구가 어찌 이처럼 약소했겠는가. 그러하니 세상 일의 공평되고 공평되지 않음을 이를 미루어 가히 알 수 있을 뿐이다.

지난날 러시아가 동으로 침략하고 서쪽으로 정벌을 감행해, 그 행위가 몹시 가증하므로 구미열강이 각자 엄정중립을 지켜 서로 돕지 않았지만 이미 이처럼 황인종에게 패전을 당한 뒤이고 사태가 결판이 난 마당에서야 어찌 같은 인종으로서의 우의가 없었겠는가. 이것은 인정 세태의 자연스런 모습이다.

슬프다. 그러므로 자연의 형세를 돌아보지 않고 같은 인종 이웃나라를 해치는 자는 마침내 독부(獨夫:악행을 일삼아 따돌림을 받는 사람. 일본을 가리킴)의 판단을 기필코 면하지 못할 것이다.

[안중근 의사는 여기까지 쓰다가 본론(本論)격인 1. 전감(前鑑) 2. 현상(現狀) 3. 복선(伏線) 4. 문답(問答)의 제목만 적어놓고 끝을 못 맺은 채 사형집행을 당했다. 안 의사는 그

의 자전(自傳)을 기술한 후 히라이시 고등법원장에게 〈동양평화론〉을 저술하겠다고 한 달여 동안의 말미를 요청한 바 좋다고 쾌락받고 그것도 몇 개월이 소요되어도 좋다고 약속받아 공소를 포기하고 이 글의 집필을 추진했던 것이다.]

인심결합론(人心結合論)

사람이 만물보다 귀하다는 것은 다른 것이 아니라 삼강오륜(三綱五倫)을 알기 때문이다. 그러므로 사람이 세상에서 살아갈 때, 첫째는 몸을 닦고, 둘째는 집안을 바로 다스리고, 셋째는 나라를 보호해야 한다.

그래서 사람은 몸과 마음을 서로 합하여 생명을 보호하고, 집은 부모와 아내와 자식에 의해서 유지되고, 나라는 모든 국민의 단결에 의해서 보존되는 것이어늘, 슬프다, 우리나라는 오늘날 이같이 비참한 지경에 빠졌으니 그 까닭은 다른 것이 아니라, 서로 화합하지 못한 것이 제일 큰 원인인 것이다.

이 불화하는 병의 원인은 교만이다. 수많은 해독이 교만으로부터 생겨나나니, 교만한 무리들은 저보다 나은 자를 시기하고 저보다 약한 자를 업신여기며 동등한 자는 서로 다투어 아랫사람이 안 되려 하니, 어찌 서로 결합할 수가 있을 것인가.

그러나 교만을 바로잡는 것은 바로 겸손이다. 사람이 만일 저마다 겸손하기를 힘써 자기를 낮추고 남을 공경하여,

남이 자기를 꾸짖는 것을 너그러이 하고 자기 공을 남에게 양보한다면, 사람이 짐승이 아니어늘 어찌 서로 불화할 리가 있겠는가.

옛날에 어느 나라 임금이 죽을 적에 자식들을 불러 말하되, "너희들이 만일 내가 죽은 뒤에 형제끼리 마음을 합하지 못하면 쉽게 남에게 꺾일 것이고, 마음을 합하기만 하면 어찌 남들이 꺾을 수 있겠느냐."
하였다.

이제 고국 산천을 바라보니 동포들이 원통하게 죽고 죄없는 조상의 백골마저 깨지는 소리를 차마 듣지 못하겠다.

깨어라, 연해주(沿海洲)에 계신 동포들아! 본국의 이 소식을 듣지 못했는가. 당신들의 일가 친척은 모두 대한 땅에 있고, 당신들의 조상의 무덤도 모국 땅에 있지 않난 말인가.

뿌리가 마르면 가지도 잎새도 마르는 것이니, 같은 조상의 피를 이어받은 동포들이 이미 굴욕을 당했으니 내 몸은 장차 어떻게 하리오. 우리 동포들아! 모두 '불화' 두 자를 깨뜨리고 '결합' 두 자를 굳게 지켜 자녀들을 교육하며, 청년 자제들은 결심하고 속히 우리 국권을 회복한 뒤에 태극기를 높이 들고 가족과 함께 독립관에 서로 모여 한 마음 한 뜻으로 전세계가 울리도록 대한 독립 만세를 부를 것을 약속하자.

주) 안중근 의사는 1907년 러시아 땅 블라디보스토크에서 청년회에 가입하여 '동양 평화를 유지하고 한국 독립을 굳건히 하자'는 내용의 연설을 하면서 각 지방을 두루 돌아다녔는데, 당시 러시아의 동포들은 안중근 의사의 연설에 감동하여 이를 따르는 사람들이 많았다. 이듬해인 1908년 3월 21일에는 해조 신문(海潮新聞)이 뒤에 대동 공보(大東共報)로 바뀜에 '인심을 결합하여 국권을 회복하자'는 내용의 글을 발표했다.

안 의사 유묵 소개

안중근 의사가 남긴 붓글씨

안중근 의사가 남긴 붓글씨는 대부분이 1910년 2월부터 처형되기 직전인 3월 26일까지 쓰여졌으며, 모두 230여 점일 것으로 추정되고 있다.

이 중 현재 발견된 것은 40여 점이며, 안중근 의사는 뤼쑨감옥에 갇혀 있는 동안 주변에서 친절하게 대해 준 관동도독부 법원 및 뤼쑨감옥의 교도관 등 일본인들과 고마운 사람들에게 많은 붓글씨를 써준 것으로 알려져 있다.

안중근 의사가 남긴 붓글씨는 어려서부터 배운 한학을 밑바탕으로하여 선현들로부터 듣고 배운 문장들을 독창적으로 인용하여 간단한 글귀로 사람들을 감동시키는 뛰어난 문장들을 담고 있다. 여기에는 모두 낙관 대신 1909년 1월에 동지 11명과 함께 단지동맹(斷指同盟)을 맺고 손가락을 자른 왼쪽 손바닥 도장[手印]이 찍혀 있다.

안중근 의사가 남긴 붓글씨는 서예적 가치도 뛰어나지만, 글에 담긴 의미와 교훈을 되새겨 보아야 한다. 여기에서는 널리 알려져 있는 안중근 의사의 붓글씨를 나명순, 조규석 등이 쓴 〈대한국인 안중근 의사〉에서 인용하여 실었다.

國家安危勞心焦思
국가안위노심초사

국가의 안위를 걱정하며 애태운다

 1993년 1월 16일에 보물 제1150호로 지정된 '나라 위해 몸바침은 군인의 본분이다(爲國獻身軍人本分)'와 이 붓글씨는 안중근 의사를 존경한 당시의 일본인의 후손들이 자진해서 기증한 것들이다.

 당시 뤼쑨 법원의 검찰관이었던 야스오카 세이시로 씨가 친절하게 대해 준데 대한 보답으로 안중근 의사가 손수 써 준 이 붓글씨는, 그 뒤에 야스오카 씨의 맏딸 우에노 도시코 씨가 은밀히 보관해 오던 것을 국제 한국연구원 최서면 원장이 헌납받아 1976년 2월 11일 안중근 의사 기념관에 기증했다.

 이 붓글씨의 오른쪽 윗부분에는 '야스오카 검찰관에게 드림', 그리고 아래쪽에는 '안중근 삼가 절함'이라고 쓰여 있다. 보물 제1150-1호.

見利思義見危授命
견리사의견위수명

이익을 보거든 정의를 생각하고
위태로움을 보거든 목숨을 바쳐라

안중근 의사가 나라의 앞날을 걱정하며 뤼쑨 감옥에서 쓴 이 글귀는 '논어' 제14편 헌문(憲問)편에 나온다.

자로(子路)가 인간 완성에 대해 묻자 공자가 "지혜, 청렴, 무욕, 용감, 예능을 두루 갖추고 예악으로 교양을 높여야 한다. 그러나 오늘에는 이익을 보면 정의를 생각하고(見利思義), 위태로움을 보면 목숨을 바칠 줄 알고(見危授命), 오랜 약속일지라도 전날의 자기 말을 잊지 않고 실천한다면(久要不忘平生之言) 역시 인간 완성이라고 할 수 있다"고 답한 구절이다.

바꾸어 말하면 이 글귀는 정당하게 얻은 부귀가 아니면 취하지 않는다. 의를 보고 행하지 않는 것은 용감함이 아니다는 뜻을 담고 있다.

현재 동아대학교에 소장되어 있다. 보물 제569-5호.

丈夫雖死心如鐵 義士臨危氣似雲
장부수사심여철 의사임위기사운

장부가 비록 죽을지라도 마음은 무쇠와 같고
의사는 위태로움에 이를지라도 기운이 구름같도다

죽음을 두려워하지 않는 당당한 자세와 굳센 기개가 드러난 글이다. 오른쪽 윗부분에 '증 맹경시(贈猛警視)'라고 쓰여 있는 점으로 보아 '뤼쑨(旅順)' 감옥을 찾아온 일본인 경찰관에게 사형이 확정된 후에도 안중근 의사는 일본인들에게 늠름한 자세를 끝까지 지켰다. 사형 집행 직전에도 '동양 평화론'을 완성하지 못한 것만 안타까워했을 뿐 더 살고 싶어 하는 모습은 보이지 않았다.

안중근 의사의 이런 굳건한 모습에 감동한 때문인지 지금까지 전해지고 있는 붓글씨는 대부분 당시 안중근 의사를 지켜보았거나 주위를 감시하던 일본인들이 보관해 오고 있다.

지금까지 국내에 들어온 붓글씨 중 많은 수가 일본인들이 일제의 감시와 통제 속에서도 안중근 의사의 붓글씨를 가보로 보관하여 대를 이어 물려 오고 있었음을 알 수 있다.

현재 숭실대학교에 간직되어 있다. 보물 제569-12호.

思君千里 望眼欲穿 以表寸誠 幸勿負情
사군천리 망안욕천 이표촌성 행물부정

나라를 걱정하여 천 리 밖에 나와
당신을 향해 바라보니 눈이 뚫어질 것 같으오
나의 이 작은 정성을 바치오니
행여나 이 정을 버리지 마소서

 나라를 걱정하는 안중근 의사의 마음을 나타낸 글이다. 쓰러져 가는 조국과 황제의 슬픈 운명을 생각하면서 조국과 민족을 위해 이 한 몸 바칠 각오가 되어 있음을 보여주는 비장한 글로, 송강(松江) 정철(鄭澈)의 기사 '사미인곡(思美人曲)'에서 임금에 대한 간절한 충절을 한 여인이 지아비를 사모하는 마음에 비유하여 표현한 것과 같다.
 현재 오만기 씨가 간직하고 있으며, 사본이 안중근 의사 기념관에 전시되어 있다. 보물 제569-11호.

一日不讀書口中生荊棘
일일부독서구중생형극

하루라도 글을 읽지 않으면
입 안에 가시가 돋는다

 안중근 의사의 독창성이 돋보이는 유명한 글귀로, 실천운동에 참여하면서도 학문을 게을리해서는 안 된다는 경구라 할 수 있다. 이와 비슷한 내용의 글귀는 옛 선현들의 글에서도 찾아 볼 수 있다.

대한매일신보 게재 기사

1. 이토 히로부미 피격사건 진상조사 및 혐의자 수사에 관한 보도

대한매일신보 (1909년 11월 20일)

오래전에 이미 이주(移住)

안중근은 최근에 한국으로부터 하얼빈에 온 자가 아니라 기왕에 하얼빈으로 이주하였더라.

대한매일신보 (1909년 12월 3일)

안중근 내력

이토 공(公) 암살자 안중근의 내력을 상세히 알아본즉 본성이 맹렬하고 어려서부터 사냥 다니기를 좋아해 산과 들, 언덕에 왕래하기를 나는 새와 같았으며 풍노(風露)에 노숙하는 것도 겁내지 않았으며 총법이 정교하여 백발 백중하더라.

하루는 청국인 상인 한 사람이 안의 부친을 방문했다가 술김에 서로 말다툼 끝에 주먹으로 치고 발로 차고 돌아 갔는데 안이 사냥에서 돌아와 이 일을 듣고는 분개하여 그 청인을 뒤쫓아가 안악 등지에서 만나, 총으로 쏘아 한 발에 즉살케 하였더라. 겨우 피신하여 경성으로 갔으나, 그때는 한·일 간에 중대문제가 쌓이던 때인데 보안회(保安會)가 병설되었거늘 안이 그 회에 가입코자 회장을 만나, 시국사를 담론하더니 해(該)회장이 그 목적을 묻거늘 안이 대답하였다.

"내가 임권조(林權助)를 숙이기 위하여 장정 20명을 준비하였으니 회원 가운데서 30명만 선출하여 합쳐 50명의 결사대만 조직하면 임권조를 도살함이 손바닥을 뒤집는 것처럼 용이하리라."

하니 회장 이하 모두 결사(決死)라는 두 자(字)에는 한 마디도 없는지라 안이 박장대소하며 하는 말이

"약충(弱蟲)과 같은 남은 생으로 수천 사람의 두령(頭領)을 어찌 담당하리오."

하고 즉시 일어나 블라디보스토크(海蔘威)로 들어가 비밀히 행동하다가 이번 사건을 감행하였다더라.

2. 안중근 및 공모 혐의자에 관한 보도

대한매일신보 (1909년 11월 9일)

범인 소식

 범인 안중근과 그외 연루자 8명을 창춘 일본 헌병 분견소 헌병 12명과 경부, 순사 등이 다롄(大連)으로 호송하였는데 안중근은 나이 31세로 얼굴이 갸름하고 표준보다 높으며 눈과 눈썹이 가늘고 수염은 엷은데 그 상태가 평연자약(平然自若)하며 그 외의 연루자도 자못 득의의 빛이 보였다 한다. 그 중 안중구은 강경히 경관에게 말하기를

 "우리가 국가에 생명을 바치는 것은 지사(志士)의 본분이어늘 이토록 학대를 가함은 부당하다. 음식물 등도 이렇게 조잡한 것을 제공하여 먹을 수가 없으니 우리들을 대신(大臣)으로 대우하라."

고 불평했다 하며 범인 등을 뤼쑨 감옥에 가두었는데 취조 등은 일체 비밀히 한다더라.

범인의 진명(眞名)

 이토 공을 저격한 한국인을 취조한 결과, 안응칠은 가명[僞名]이요 본명은 안중근인데, 4년 전 간도에 와 여러 가지의 가명을 쓰다가 현재 간도에서는 안 토마스(多默)라 칭하

였다 하며 작년에 한국인 모와 더불어 이토 공 암살을 서약하기 위하여 왼손 무명지를 절단하였다더라.

14 단지(斷指)

이토 공을 저격한 안중근은 러시아령 엔치야에 사는 최모의 부하인데 작년 봄에 그 한인이 결사대 14명과 모의하여 이토 공 및 일본 무단파(武斷派)와 한·일협약에 조인한 한국의 여러 대신을 모두 암살하기로 맹약하며 왼손 무명지를 절단하였는데 안중근이 즉 그 중의 한 사람이요 안중근은 항상 스스로 다짐하기를,

"3년 안에 이토를 암살치 못하면 자살하여 자기의 무능을 증명하겠노라."

성언(聲言)하였다더라.

대한매일신보 (1909년 11월 14일)

범인 신문

지난 번 관동도독부 지방법원으로 호송한 범인 안중근 외 8명에 대하여 히라이시(平石) 법원장과 미조부치(溝淵) 검찰관은 지금 하얼빈에 체재하며, 취조 조사 중인고로 한 번도 정식 예심을 열지 못하였고 경찰의 취조만 행하는데 아카시(明石) 참모장과 구라토모(倉知) 정무국장이 입회 심리하

는 중이라더라.

대한매일신보 (1909년 11월 17일)

연루 14명

이토 공 암살 연루자는 이미 포박한 자가 뤼쑨에 안중근 외 7명이고, 하얼빈에도 7명이 있다더라.

연루자명

목하 뤼쑨에 구류한 안중근 외 연루자의 이름 연령 주소는 다음과 같다.

이 름	연 령	주 소
안중근	31	평남 평양 성문 밖
조도선	31	함남 홍원현
우연준	30	경성 동서(東署)
김연생	30	함북 명천
유강로	18	경북 풍기군
정대호	36	경성 북서 성동(盛洞)
김성옥	49	경성 북서 하동
구 담		경북
김형재	30	현재 하얼빈
탁공경	36	함남 중하리

대한매일신보 (1909년 11월 20일)

심문 개시

관동도독부 법무원에서 안중근 외 연루자 8명의 심문을 지난 13일부터 개시하고 일주일 내로 예심에 부칠 터인데 음모는 블라디보스토크 및 하얼빈에서 계획하였고 한국 경성에는 연락이 없다는 보도가 있으며 또한 경성에서 조사한 것도 역시 동일 의견에 귀착하였으나 앞으로 예심의 진행에 따라 새 사실이 발견될지는 미지(未知)라더라.

대한매일신보 (1909년 11월 25일)

연루 촬영

안중근의 연루자 우연준 등 8명을 촬영하여 경시청 및 각 지방 경찰서에 분포하였다더라.

대한매일신보 (1909년 12월 3일)

심사 심문

안중근 이하 연루자들은 뤼쑨감옥 내의 가법정에서 주야로 엄중히 심문받는 중인데 이 사건의 내용 여하와 연루관계의 범위는 당국 심사관 등이 무엇보다도 비밀리에 하는 고로 도저히 알아내기가 힘들다고 한다. 심사에 관한 서류는 러·청문 및 한(韓)문 등을 많은 선반에 쌓아놓고 일일이 번역 조사할 터이요, 또 다액의 수수료를 써가며 한국내의 각지 및 블라디보스토크, 하얼빈, 상하이 등지에 왕복한 전보 조회 등 문자를 수집 중이라 하며 종래 해당지의 감옥에서 한인에 대한 처우는 청인과 동일한 방법을 쓰더니 금번에는 특별히 일인과 동일한 대우를 한다는 것이다. 하루 2, 3차례씩 옥내 운동을 허가하고 또 심문이나 편달을 가하지 않고 자유롭게 소회를 토로케 한다하며 안중근은 하얼빈으로부터 다롄에 호송할 때에 기차 내에서 호송자에게,

"나를 마땅히 지사(志士)로 대우하라."

하며,

"너희들 미천한 순사배(輩)는 신성한 나의 신체에 손을 근접치 말라."

하여 호송자를 매도하였고, 옥중에서는 태연히 숙수(熟睡)를 취함으로 그 담기 웅대함에 놀라지 않을 수 없다 하며 그 외의 연루자는 심사 결과를 아직 탐득하지 못했으므로 죄에따라 경중과 관계의 깊고 옅음을 알기 어려운데, 심사관은 그 세 사람을 엄밀히 취조하고 그 외는 심사를 종료한 듯하며 이로 인하여 5명에게는 소지하고 있는 화폐로 음식물을 마음대로 구입케 하며 서신도 자유롭게 발신케 한다더라.

대한매일신보 (1909년 12월 5일)

뤼쑨 소식

옥중에 있는 안중근은 일본음식으로 대우하지만 간혹 자신의 휴대품을 팔아 좋아하는 음식을 매식하기도 하는데 연루자 중에는 처자를 생각하고 고향을 그리며 눈물을 흘리는 자도 있으나 유독 안은

"우국지사는 처자를 생각지 않는다."

고 말했다 한다. 이토 공 암살에 대하여 관계인은 한 사람도 없고, 오직 자기 혼자의 의사로 행하였다고 하며, 안의 평소 습성은 술을 대단히 좋아하는데 2, 3년 전부터는 한국이 독립하기까지는 금주하기로 맹세하였다더라.

3. 안중근 및 관련 피고에 대한 재판 및 형 집행 관계 보도

대한매일신보 (1909년 11월 17일)

판결 지연

안중근은 왼손 무명지를 절단하였으나 체포된 연루자는 단지자가 없고 또 구술한 바와 그외 조사예상자가 있으므로 해서 널리 그 수사를 요하는고로 판결일은 아직 멀었다더라.

대한매일신보 (1910년 1월 9일)

뤼쑨 소식

안중근의 심문 경과 소식을 알아 본즉 아직 예심이 종결되지 못하고 조서 그 외 관계서류가 3천여 건에 달하고 공판개정은 10여일 후에 있을 것이요, 변호사는 정식으로 인가된 자가 없다더라.

대한매일신보 (1910년 1월 19일)

안씨 공판기(期)

이토 공 암살 사건의 연루자로 체포된 자가 17명이려니와 조사한 후에 이미 방면된 자가 13명이요, 목하 구속 중인 자는 안중근, 조도선, 우연준 외 1명인데 공판 기일은 내달 5, 6일 경이라더라.

대일매일신보 (1910년 2월 1일)

공판 설비

안중근 씨에 관한 조사서류는 쌓여진 높이가 두 자 반에 달하며 관동도독부 지방법원은 공판정으로 고등법원 제1호 법정을 쓰기로 설비 중인데 보통 방청석과 신문기자석을 구분한다고 하며, 종래 설치되던 한 개의 난로로는 다수의 방청객에게 만족을 줄 수 없다하여 새로 하나를 더 가설(加設), 3백 명 이상의 방청객을 수용할 계획이라더라.

4인 상체(尙逮)

안중근 씨의 연루자는 당초 15명을 검거하였다가 7명은 그 당시 방면하고 또 4명은 지난 12월 24일에 방면하여 목하 재수자는 우연준, 조도선, 유동하, 정대호 4명이라더라.

대한매일신보 (1910년 2월 9일)

뤼쑨 통신(2)

안 씨 토열혈―안병찬 씨가 안중근 씨를 면회하고 여관에 돌아와 그 목적을 달성치 못함을 분개하여 눈물을 줄줄 흘리다가 거듭하여 뜨거운 피를 한 사발 가량이나 쏟고 약 30분 동안이나 혼절하여 인사불성이므로 같이 유숙하던 사람들이 놀라 일인 나카시마(中島) 의사를 불러 진찰하였는데, 의사의 말이 별 다른 증상은 없고 잠시 기색(氣塞)했을 따름이라 현재 복약조치 중이라더라.

안씨의 공판―안중근 씨 및 연루자 일동을 관동도독부 지방법원에서 취조한 결과로 그 죄명을 정하였는데 안응칠은 살인, 우연준, 조도선은 살인예비, 유동하(일명 劉江露)는 살인방조의 죄명으로 예심을 경유치 않고 바로 공판에 회부할 뜻으로 지난 1일에 발표한지라 주임재판장은 지방법원장 마나베 주우조(眞鍋十藏), 검찰관은 미조부치 다카오(溝淵孝雄), 서기는 와타나베(渡邊), 통역은 소노키(園木) 등이요. 관선 변호사는 미즈노 기치타로(水野吉太郎)·가마다 세이지(鎌田正治)로 결정되었고 한·영·러·서 4개국 변호사가 변호를 출원하였으나 전부 허가되지 아니한지라 제1회 공판은 이달 7일 오전 9시부터 고등법원 제1호 법정에서 열려 연일 개정할 터인데 방청권은 매일 3백매를 발행하여 방청을 허가한다고 하나, 공판기일이 급박하여 구미 각국인은 내도할 수 없을 듯 하다더라.

정씨 방면—안중근 씨의 연루자 정대호 씨는 그 행자(行刺)하던 다음날에 안중근 씨의 처자를 대동하고 하얼빈에 도착한 일로 인하여 공모의 혐의자로 취조한 결과 증거가 불충분함으로 불기소가 되어 지난 1일 오후 5시에 방면되어 순사 2명으로 하얼빈까지 호송하였다더라.

작명(作名) 이유—응칠(應七)은 안중근 씨의 아명인데 외국에서는 응칠로 행세하는고로 현재 법원 감옥에 들어와 있는 일체 서류에도 안응칠로 기록되어 있는지라 안병찬 씨가 안중근 씨를 면회할 때에 그 작명한 이유를 물은즉 대답하기를, 자신의 조부[人壽]가 자신이 태어난 3일 후에 복부를 들여다 보니 태내 검은 사마귀가 바둑돌 같이 큰 게 7개 있어서 응기칠성(應其七星)이라 했으며 그 이유로 작명을 했다 한다. 또 묻기를 그 검은 사마귀가 아직도 있는가하니 아직 있다 하였다더라.

원장 귀임—관동도독부 고등법원장이 안중근 씨의 사건으로 도쿄에 체재하다가 지난 달 27일에 귀임하였다더라.

재판 제도—관동도독부 법원의 재판 제도는 지방법원은

단독판관이 심리 재판하고 고등법원은 합의제로 판관 3인이 심리 재판하여 2심에서 끝나는고로 고등법원은 2심을 종심으로 하니 그 제도가 대개 불완전한데 이번 사건은 중대한 사건임에도 예심도 거치지 않고 직접 회부할 뿐더러 피고가 지원(志願)하는 변호사를 허가하지 아니함은 불만의 의혹이 있다는 비평이 있다더라.

불허의 이유―안중근 씨 사건에 대하여 각국 변호사를 허가하지 아니함은 피고의 행위를 변론할까 기탄하여 모든 외국 변호사는 허가치 아니한 모양이라더라.

차시소지(此是素志)―안중근 씨가 두 동생에게 부탁하기를 나는 필시 감옥에서 죽게 될 터이니 우리 나라가 독립되기 이전에는 나의 시체를 본국으로 운거(運去)치 말고 하얼빈 공원 부근에 매장하여 세계의 망국인종으로 하여금 각성케 하라 하였다더라.

두 동생의 낙심―안중근 씨의 동생 정근, 공근 양씨가 그 형의 지원(志願)으로 한국인 변호사에게 의뢰할 생각으로 미조부치 검찰관에게 물은즉 뜻에 따라 의뢰하라 하는고로 한편으론 그 모친에게 알리고 한편으론 경성 변호사회에 서함을 보내어 안병찬 씨가 변호할 목적으로 기위 도착하였는데, 히라이시(平石) 고등법원장이 귀임한 후에 방침이 홀연히 변경되어 외국 변호사는 불허하고 단지 관선변호인으로 미봉하는고로 두 동생은 대단히 낙심한다더라.

판결 필속―안중근 씨 사건으로 인하여 히라이시 고등법원장이 도쿄에 왕래하여 일본정부의 의견을 청취한 결과로 공판이 의외에 급속하게 빨라진즉 법률 적용은 필시 내적으로 정해진 바 있으니 이번 공판은 형식에 불과한지라 이 달 10일경에 결심하여 즉시 판결 언도할 듯 하다더라.

법서 기증―안병찬 씨가 일본 육법전서 1부를 안중근 씨에게 기증하였는데 전옥(간수)을 통하여 차입하였다더라.

순사 보호―안병찬, 고병은, 안정근, 안공근 네 사람이 같은 여관에 유숙하는데 순사 1명이 보호한다더라.

대한매일신보 (1910년 2월 12일)

안중근의 공판 (제1일 오전)
이달 7일에 피고 안중근 및 그밖의 3명이 체포당시의 복장에 칼라만 신착한 후, 일본에서 새로 도착한 마차를 타고 일본경부의 순사 헌병 등이 승마 경위하여 8시 후에 뤼쑨 일본 관동도독부 고등법원 제1법정에 입정하였다 한다. 허리의 포승을 풀고 일동이 인정심문을 받을새 9시 20분에 선두로 안중근 씨의 공판을 개정하고 일정한 순서를 거친 후에 심문을 하는데 피고 안 씨가 말하기를, 3년 전에 블라디보스토크에 왔는데 생활은 처음에는 고향의 재산을 의지했고 나중에는 친구들의 보조에 의탁했으며 교육은 한학으로 가정에서 천자문, 동몽선습, 맹자 등을 배우다가 후에 천주교 선교사인 법국(法國)인에게 법어를 배워 17세 때에 천주교에 입교하여 세례를 받았다고 한다. 고국을 떠난 후 3년간은 무엇을 하였느냐는 물음에 즉각 대답하기를

"나는 목적을 향하여 진행하였노니 그 목적이란 첫째는 외국에 있는 동포의 교육이요, 둘째는 의군(義軍)의 경영이로라."
하고 독립사상이 언제부터 일었느냐 한즉 대답하되

"나의 이 사상은 수년 전부터 갖고 있던 바요, 최근 더욱 격렬하게 느끼기에는 러·일전쟁 후, 한·일 5조약과 그 후 7조약 체결 때라. 즉 1895년에 일본천황 조칙(詔勅)에 동양평화가 한국의 독립을 위함이라 운운하더니 이토가 내한해서는 병(兵)의 세력을 이용하여 그 두 조약을 체결한고로 암살의 뜻이 그 7조약 당시에 발생한 이래 계속되어오는 바이라."
고 도도히 수천 마디를 연설조로 토로하고, 다시 감행 당시의 일을 심문하자 대답하여 이르기를

"그 사실은 인정하나 발포 후 이토가 어떻게 되었는지는 모른다. 다만 이 거사는 대한국 독립의군 참모중장의 신분으로 행한 바요, 결코 개인으로 행한 바가 아니거니와 오늘

변변치 못한 이 자리에 하나의 피고로 서 있음은 나의 본디의 뜻에 크게 배치됨이라."
면서 대기염을 토하였다 하더라.

당일 방청자는 다롄(大連) 그 외 등지에서 어제 밤부터 와서 오늘 아침 6시에는 방청표가 부족하여 헛걸음한 자가 많으며 고등관 방청석도 역시 만석이었으며 부인 방청자도 20여 명인데 외국인은 다롄 러국 영사 부처와 1명의 러시아인이요, 한국인은 변호사 안병찬 씨와 중근 씨의 두 아우뿐이라. 입장 때에 일본인도 신체를 검사하여 경계가 엄중하였다더라.

대한매일신보 (1910년 2월 13일)

안중근의 공판 (제1일 오후)

안중근의 공판을 오후 1시 반에 다시 개정하고 심문하였는데 피고 안 씨가 이르기를,

"이토가 만주에 온 것을, 내가 하얼빈으로 향하기 2일 전에 엔치야에서 블라디보스토크에 도착하여 원동보(遠東報) 및 대동공보를 보고 알았다. 우연준과 상의하여 즉시 하얼빈으로 출발하여 가는 도중에 '포브라니치나야'에서 하차하여 통역 유동하를 만나 일을 맡기고 하얼빈에 사는, 러시아 입적자인 한국인 김성백(金聖佰) 집에서 이틀을 묵고 지

야이지스고(蔡家溝)에 갔다가 준비하기 위하여 다시 하얼빈에 되돌아와 김씨 집에서 유숙했다. 다음날 7시(거사 당일)에 하얼빈역에 도착하여 역 구내식당에서 차를 마시면서 이토가 오기를 기다리다가 러시아 군대가 도열한 후면으로 나아가 이토가 하차하여 내가 있는 쪽 앞으로 수삼보 걸어와 나와 열 걸음 상거에 왔을 때 발포하였다.

나는 원래 이토의 얼굴을 몰랐으나 신문지상에서 사진으로만 보아왔고 그 현장에서는 즉 군복을 입지 않고 평상복을 입은 것과 또 노인인 것으로 이토일 것이라 짐작하고 발포하였으며, 포박될 때 세계 통용어로써 '코레아 후라(大韓萬歲)'를 삼창한 사실이 있다.

재판관은 내가 이미 목적을 달성하였다고 했으나 나는 이 일만으로는 아직 전체 목적을 수행했다고는 생각지 않으며, 이번 하나의 성공은 우리 단체의 최대 목적인 대한독립의 한 기회를 만든데 불과하며, 그 때 양도(洋刀)를 소지하고 있었던 것은 자살 또는 저항의 뜻이 아니다. 이토를 죽이는 일이 악사(惡事)가 아니거늘 어찌하여 자살 또는 도망을 기도하리오.

또 나의 왼손 넷째손가락을 절단한 것은, 작년 봄 러시아령 카리에서 동지들을 모아 동맹을 맺고 맹약(盟約)의 취지서를 내가 집필할 때인데 손가락을 잘라 그 피로써 하나의 한국기에 '대한독립'을 썼노라."
고 하였다. 또 말하기를

"의군 총대장은 강원도 김두성(金斗星)인데 그 부하는 각지에 이범윤 등 부(副) 장수가 있으며 나는 김 대장의 직속 특파독립대장이라."
하였다더라.

이토의 만주 도착이 지연됐더라면 약간의 병(兵)을 하얼빈에 내보내는 방법을 취했을 터이요, 또 자본을 모아 군용선박을 구하여 이토를 쓰시마(對馬島) 섬 부근에서 격침할 계획이 있었다고 공언했다는데, 이는 안중근 씨의 심문뿐인 고로 다른 피고와 변호사는 발언치 않고 심문은 오후 4시 5분에 종료하고 폐정했으며 8일 오전 9시에 다시 개정하기로 하였다더라.

안 씨가 발언시에 자기 일은 숨기지 아니하고 각 방면의 동지는 비호하는 듯하며 그 태도는 부단히 재판관을 똑바로 바라보며 두 손을 앞의 횡목(橫木)에 걸치고 때때로 주머니에서 손수건을 꺼내 얼굴을 닦으며 극히 평정하게 심문에 답변하였다더라.

안씨 공판의 최후

뤼쑨에서 안중근 씨 및 연루자 3명에 대한 제4회 최종 공판을 11일 오전 9시에 고등법원에서 개정하였는데 재판장 마나베, 검사 미조부치, 통역 소노키, 서기 와타나베가 출석하고 관선 일본인 변호사 두 사람도 출석하였는데 검사가 논고한 후에 양 변호사의 변론이 있었으나 검사 미조부치

가 범죄의 경과를 통론(痛論)하다가 최후에 논고하기를

"안중근은 사형에 처하고 조도선, 우연준 양인은 징역 2년에 처하고, 유동하는 1년 반에 처하기를 요구"하였는데 방청석에 있던 안중근 씨의 부인과 두 동생 등은 눈물을 흘리며 서로 돌아보고, 대동공보사 사장 미하이로프 씨는 번번히 팔을 겨드랑이에 끼고 좌중을 반복해서 보는데, 그때 방청인은 190여 명에 달하였다더라.

안씨의 두 동생들 퇴장

지난 8일 뤼쑨 공판정에서 안정근, 공근 양씨가 방청할 때, 정근 씨가 소리높이 호곡(號哭)하며 형 중근 씨를 부르며,

"형님이여, 우리 두 아우를 위하여 우리들과 일차 면회하겠다고 청원함이 어떻겠소"

하였는데 법정에서 정근, 공근 양씨를 퇴장케 하였다더라.

대한매일신보 (1910년 2월 15일)

안중근의 공판(제2일 오전)

안중근 씨 등의 제2회 공판은 8일 오전 9시 반에 개정하고 우연준 씨(본명 덕순)에게 신문을 행할 때 우 씨가 말하기를 우연준이라는 이름은 러시아에서 빙표(여행 허가증)를 득할 때 통역이 잘못 쓴 탓이며 직업은 예전에는 경성 동대문

부근에서 잡화상을 경영하였는데 6년 전에 장사 목적으로 블라디보스토크에 와서 잎담배 행상을 경영하였으며 부친 이름은 시영(始映)이요 학업은 통감, 맹자 등 한학을 학습하였고 종교는 5년 전에 예수교[耶蘇敎]에 입참, 안중근 씨와 서로 알게 된 것은 블라디보스토크에서였다 한다. 재판관이 살인의 목적을 물은즉 대답하기를,

"작년 음력 9월 8일에 이토를 살해할 목적으로 안중근과 함께 블라디보스토크를 출발하였는데, 그 살해의 결의는 출발 전날에 안중근 씨가 내방하여 이토 살해를 언급하매 나도 역시 대한신민(臣民)으로 이토를 원수시하던 바라 즉시 출발을 준비하였다."

하고 다시 재판관이 그 이토를 원수시하게 된 원인을 묻자, 대답하기를 왕년에 이토가 한국통감이 될 때 한·일협약을 그의 손으로 기초(起草)하고 6대신을 강박하여 조인케 하고 외부대신의 부서(副書)는 당시 고문이었던 일본인의 날인이었으며, 한국 상하가 동의하지 않는데도 불구하고 5조약 및 7조약을 체결하여 한국의 독립을 해친 즉 나와 불공대천(不共戴天)의 원수라, 내가 협약체결 당시부터 분개하는 마음이 극심했으나 노모가 계시는 등의 이유로 반대운동을 하지 못하였다가 금번에 년내의 목적을 달성키로 결심하고 이토가 어떤 삼엄한 호위를 받더라도 기필코 소기의 목적을 달성하기를 예상하고 상업용 8연발 단총을 품고 9일에 하얼빈에 도착하였다가 그 다음날 안중근·조도선 등과 '지야이

지스고'로 가서 3인이 연명(連名)하여 대동공보사에 투서하고 안은 다음날 12일 하얼빈으로 돌아가고 나는 조와 함께 거기에 체류하면서 이토의 도착을 기다렸노라 하였다더라.

안씨의 최후 진술

안중근 씨의 사형판결은 별항의 전문과 같거니와 지난 10일에 오후 3시까지 변호인의 변론이 있었고 그 후에 안중근 씨가 최후 신청으로 1시간에 걸쳐 진술하였는데 변호사의 변론 취지에는

"이 사건은 한국형법을 적용할 것이나 동 형법에는 본 사건과 같은 해외범죄에 관한 조항이 없으므로 피고를 벌하지 못할지라. 이제 일본 형법으로 벌할 것이나 피고는 이토의 정책을 오해할 뿐 아니라 검사의 논고와 같은 극형을 내림은 피고의 희망하는 바가 아님은 명료한즉 안중근은 작량 감경(酌量減輕)하여 징역형 3년에 처하고 우연준은 그에 준하여 경형에 처하고 조도선, 유동하는 정황을 몰랐던 자인즉 무죄로 할 것을 희망하노라" 하였고 안중근 씨의 신청에는,

"나는 검사와 변호사에게 논한 바와 같이 이토의 정책을 오해함이 아니라 이토가 한·일 양국의 상하를 기만하고 무도한 정책을 행하는고로 나는 한 개인의 자격으로서가 아니라 대한의군의 참모중장으로 이번 거사를 감행하였은즉 나는 의전(義戰)의 포로된 자이니 보통 형사 피고인으로 처

리함은 부당하다."
하였다더라.

대한매일신보 (1910년 2월 16일)

안중근 공판(제2일 오후)

동일 오후 1시 40분에 우연준 씨의 계속된 심문에서 우 씨는 진술하기를 그때 안이 하얼빈으로 출발하면서 탄환 5, 6발과 돈 4원을 꾸어가지고, 그날 밤은 조와 함께 묵은 후 다음날 그곳 정거장 부근에 인마(人馬)가 번잡하여 이토를 환영할 준비를 행함을 보고 안은 없으나 나 혼자서라도 이토를 격살하기로 결심하였는데 문 밖에 러시아 병사들이 정렬하여 외출을 금지하매 크게 실망한지라. 이에 벤치에 누워 차후의 방도를 생각하던 차에 오전 11시경 러시아 헌병 두 명이 돌입하여 나를 체포하고는 총기를 압수하였다 하였고, 오후 3시에 우 씨의 심문은 끝나고 조도선 씨를 심문하였는데, 조 씨가 말하기를,

"나는 19년 전에 고향을 떠나 러시아 '아라고에첸스크' '이르크스크' 등지에 체재하면서 세탁업 및 통역 등에 종사하였고 양친은 함경도 홍원군에서 농업을 하고 처는 러시아인이어서 러어는 아주 유창하고, 작년 8월에 블라디보스토크로부터 하얼빈에 와 머물고 있는데, 9월 10일에 안중근

이 와서 말하기를 자기 가족이 본국에서 오므로 이를 마중하러 관성자(寬城子)까지 급히 가야 하는데 같이 동행하기를 청하기에 다음날 아침에 안 등과 함께 '지야이지스고'에 가서 통역을 행하였다. 하얼빈에서 유(劉)가 안에게 전보가 왔는데 '내일 아침 도착'이라는 의미였고, 소지 단총은 수년 전에 산 호신용이요 결코 안 등과는 관계가 전혀 없다." 고 변명하였다더라.

대한매일신보 (1910년 2월 18일)

안중근 공판 (제3일 오후)

9일 오후 1시 15분에 다시 개정하여 증거물에 차수하였는데 이토 암살 이틀 전에 블라디보스토크 '대동공보' 편집장 이강(李剛) 씨에게 보낸 안, 우 양씨의 연명서한이 있는데 그 글의 대요는 다음과 같다.

이달 9일(양력 10월 22일) 오후 이곳에 도착하여 '원동보'를 본즉 이토는 내달 12일에 관성자에서 출발하여 러시아 철도국 총독 특별열차로 하얼빈에 도착한다 하였으니 우리들은 조도선과 같이 가족을 마중간다는 구실로 관성자 역에서 수 역쯤 떨어진 곳에서 이토를 기다리다가 거사할 계획인데 일의 성패는 하늘에 맡길 것이나 다행히 동포의 선도(善禱)를 바라며 도움받기를 앙망하나이다.

이곳 김성백에게서 50원을 차용해서 여비에 충당하였사오니 갚아 줄 것을 희망하오. 대한독립만세.

이 서간으로 인하여 이 씨가 안 씨 등과 연락이 있었다고 추측한다더라. 당시 안·우 양씨가 하얼빈 김성백 씨 집에서 격렬히 화가 난 음조로 서로 화합하여 부른 시가(詩歌) 2 수도 증거물로 제출되었는데, (안중근의 시가[장부가]는 이미 앞에 게재되었기에 생략함).

우덕순의 시가
만났도다 만났도다 원수 너를 만났도다
너를 한번 만나고자 일평생에 원했건만
어찌하여 서로 만남이 이리도 늦었던고
너를 한번 만나려고 수륙으로 기만리(幾萬里)를
혹은 윤선(輪船), 혹은 화차(火車), 천신만고 거듭하여
러·청 양지(兩地) 지날 때에 앉을 때나 서 있을 때나
하늘 우러러 기도하길 살피소서 살피소서
주예수여 살피소서 동(東)반도의 대제국을
내 원대로 구하소서 오호 간악한 이 노적(老賊)아
우리 민족 이천만을 멸망까지 시켜놓고
금수강산 삼천리를 소리없이 빼앗노라고
흉악하고 참혹스런 저 수단은 세계 만방에 알려졌거늘
이제 네 목숨 끊어지리니 너도 원통하리로다
갑오독립 시켜놓고 을사체결한 연후에

오늘 네가 북향할 줄 나도 역시 몰랐노라
덕 닦으면 덕이 오고 범죄하면 죄가 온다
너뿐인 줄 알지 마라 너의 동포 오천만을
오늘부터 시작하여 하나 둘씩 보는 대로
내 손으로 죽이리라.

 지난번에 러시아 관헌에게서 인계한 하얼빈 지방재판소 판사 및 경찰서장 짜이지아커우(寨家口) 주둔 군조 그 외 2, 3의 취조서류를 낭독케 하고 일본 검찰관의 조서는 증인 후루야(古谷), 오야마(小山), 가와카미(川上) 총영사, 다나카(田中) 만주철도 이사 등의 진술이 있었고 감정인 오야마, 오카(岡) 군의관 스에미(尾見) 박사 등의 진찰감정서 등을 낭독케 하고 그 외 각 증인, 일본인 13명의 취조서 및 문취서(聞取書) 및 기소장 1,018매가 있었다 한다. 그 낭독은 생략하고 그 다음에 안 씨의 이토 살해에 사용한 권총과 우 씨, 조 씨 등이 휴대한 권총과 이토 공의 발착을 보지(報知)한 전보와 장차 살해할 목적을 표하여 대동공보사에 보낸 안 씨, 우 씨의 분개하여 지은 시가와 양 씨가 연명하여 대동공보사의 편집장에게 보낸 암살결행의 서류 등을 출시(出示)한 후에 재판장이 각 피고에게 이르기를,
 "당신들에게 유리한 증거가 있거든 제시하고 또 청구할 사항이 있거든 청구하라."
고 한즉 안 씨가 대답하기를,

"청구할 것은 아무것도 없으나 내 자신이 품어온 3대 목적을 말하고자 하노라 하며 우 씨도 안과 동의라 하고 조 씨는 별로 청구할 게 없다 하고, 유 씨는 달리 할 말이 없으니 빨리 집에 가겠다고 하여 장내가 한바탕 홍소(哄笑)하였다 하더라.

오후 4시 25분에 폐정하였다더라. (안중근의 3대 목적은 앞에서 이미 게재하였기에 중복을 피하여 여기서는 생략함)

대한매일신보 (1910년 2월 19일)

안중근 공판(제4일 오전)

10일 오전 9시 30분에 제4회 공판을 속개하였는데, 검찰관의 논고는 다음과 같다.

본건을 둘로 구분함이 가하니 그 하나는 사실론이요, 또 하나는 법률론이라. 피고의 성격으로 논하건대 유동하는 나이가 미장(未壯)하고 아직 부모 슬하에 있는 자로 정치적 사상은 없으나 성질은 극히 맹렬한 자며, 조도선은 학문도 없고 직업 경력 등으로 보더라도 그 역시 정치적 사상은 없는 자며 의지도 극히 박약한 자인즉 도저히 독립적으로 처사치 못할 자요, 우덕순은 다소 학문도 있고 블라디보스토크 대동공보사의 모금인이 된 사실도 있어 그 사원과 왕래한 것으로 보아 우는 그 정치적 사상을 신문지상에서 얻었음이 분명하고 또한 성질은 심히 난모(難侮)의 인물이요, 안중근은 본 사건의 주모자로 한국인 중에 특이한 성격의 인물이라 그의 부친은 상당한 재산도 있으며 중류 이상의 생활을 영위한 자며 또 지방의 명족이며 종교는 천주교 신자로 세례를 받았으며 그는 지위상으로 비교해 보건데 학문은 많지 않으나 성격이 극히 강인하고 의지가 강경하며 정치적 사상이 있는 것은, 그 동기가 자기가 석탄상 영업 실패 후에 안창호[島山]라는 사람의 정치연설을 듣고 난 후이며, 그가 각처에 유랑하며 의병을 모으는 등 필경 정치적 사상이 깊은 자요, 그 범죄의 동기는 유, 조와 같은 자는 논할 바도 안 되거니와 안과 우는 동기가 정치적인 것에서 기인한 모양이니 이는 러시아 관리의 조서에서도 알 수 있는 일이요. 범죄의 결의는 피고가 심사숙고 후 결정함인데, 그 시기는 이토 공의 만주 도래의 소식을 들은 때로부터이고 조와 유는 범죄 이틀 전에 결정한 듯하며 암살 당시의 상태를 논고하여 말하되 이토 공의 사거(死去)는 조난 후 40분간은 의식이 있었다고 증인의 언명이 있었으나 러시아 재무상의 소신을 참작하여도 15분에 불과한지라. 그러므로 조와 우는 범죄예비행위자요 유는 방조범이요 안은 물론 현행범이라. 이상은 사실론이오.

안중근 공판 (제4일 오후)

10일 오후 1시 20분에 검찰관이 다시 법률론에 옮겨가 소송법상 재판관할권에 관하여 누누히 수백 마디를 논술에 안중근은 모의살인 현행범인즉 형법 제199조로 사형이요, 우덕순, 조도선은 형법 제201조를 적용하여 2년 이하의 징역형에 처하고, 유는 형법 제199조 및 제68조를 적용하여 3년 이상 5년 이하의 징역에 처할지나 동인은 종범자일 뿐이라 그 정상을 참작할 점이 있어 가벼운 징역 3년의 절반인 1년 반 이상의 역형에 처하기를 요구하고, 범죄에 관한 압수된 물건은 몰수하기를 청구한다 하였다더라.

금일 변호인의 변론이 있을 예정이었으나 시간이 없으므로 12일 오전 9시에 다시 개정하기로 하고 폐정하였다더라.

대한매일신보 (1910년 2월 20일)

안중근 공판 (제5일 오전)

12일 오전 9시 반에 안중근 등의 제5회 공판을 열어 변호를 시작하였는데 일본인 가마다(鎌田) 변호사는 이번 사건은 세계의 이목을 경동할 중대 사건인즉 세계에 대하여 모범적 공판이 되어야 할 줄로 아는고로 신중히 재판을 진행하기를 희망하노라 하고는, 재판관할 문제를 논하자면 본건의 범죄 지역은 청국 영토요 피고는 한국인이라 광무 3년 한·청조약 및 광무 9년 한·일보호조약 등에 의거하여 논하여도 한국의 외교권이 소멸된 바는 아니요. 다만 일본이 대행함에 불과한즉 한국신민을 다스림에 있어서 일본의 형법을 적용함은 불가한지라 고로 한국 형법을 적용함이 가하다고 주장한 다음에 사실론으로 말하자면 안과 우에 대하여는 그 자백 및 증거에 의하더라도 다른 의견이 없으나 조와 유에 대하여는 전연 반대의견이 있으니 유는 전혀 정치적 사상이 없으며 또한 법정에서 '일찍 집에 돌아가겠다'고 한 것을 보아도 그는 중대사건에 참여할 자는 못 되고, 조는 그 태도며 이토 공 피살 이틀 전에 그의 처를 부르는 서신을 발송한 일 등의 사실에서 유와 조는 전혀 안 등과 통첩이 없었으므로 주범과는 무관한즉 이를 종범으로 논함은 불가하다 하였는데 재판장이 통역을 명하여 변호사의 논술을 피고들에게 언급하게 하였다더라.

옥중 서신

민 주교 전 상서

　　　　　　　　　　　　　　죄인 안도마 백(白)

　예수를 찬미합니다.

　인자하신 주교께옵서는 죄인을 불쌍히 여기시고 그 죄를 용서해 주시옵소서. 이번 죄인의 일에 관하여는 주교께 허다한 배려를 번거롭게 하여 공황무지이온바 고비(高庇)로 우리 주 예수의 특별한 은혜를 입어 고백·영성체의 비적 등, 모든 성사를 받은 결과 심신이 다 편안함을 얻었습니다.

　성모의 홍은·주교의 은혜는 사례할 말씀이 없사오며 감히 다시 바라옵건대 죄인을 불쌍히 여기시어 주 대전에 기도를 바쳐 속히 승천의 은혜를 받게 해주시옵기를 간절히 비는 동시에 주교와 여러 신부께옵서는 다같이 일체가 되어 주교를 위해 분골쇄신하시어 그 덕화(德化)가 날로 융성하여 멀지 않아 우리 한국의 허다한 외인(外人)과 믿음이 약한 교인이 일제히 정교로 귀의하여 우리 주 예수의 자애로우신 적자(赤子)가 되게 할 것을 믿고 또 축원할 뿐입니다.

　　　　　　　　　　　　　　　1910년 경술 2월 15일

홍 신부 전 상서

죄인 안도마 백(白)

예수를 찬미하옵니다.

자애로우신 나의 신부여. 저에게 처음으로 세례를 주시고 또 최후에 특히 이러한 장소에 허다한 노고를 불고하시고 내림하시어 친히 모든 성사를 베풀어 주신 그 홍은이야 어찌 말로 다 사례할 수 있겠습니까.

감히 새삼 바라옵건대 죄인을 잊지 마시고 주 대전에 기도를 바쳐 주시옵고, 또 죄인을 욕되게 아는 여러 신부와 여러 교우들에게 문안드려 주시어 모쪼록 우리가 속히 천당 영복(靈福)의 땅에서 흔연히 만날 기회를 기다린다는 뜻을 전해 주시옵소서.

그리고 주교께도 상서하였사오니 그리 아시기를 바라옵니다. 끝으로 자애로우신 나의 신부여 저를 잊지 마시기를, 저 또한 결코 잊지 않겠나이다.

1910년 경술 2월 15일

어머님 전 상서

        아들 도마 올림

예수를 찬미합니다.

불효자가 감히 어머님께 한 말씀을 올리려 합니다. 엎드려 바라옵건대, 자식의 막심한 불효와 아침, 저녁 문안인사 못 드림을 용서해 주시옵소서.

이슬과도 같은 이 허무한 세상에서 자식에 대한 정을 이기지 못하시고 저 같은 불효자를 너무나 생각해 주시니, 훗날 천당에서나 만나 뵈올 것을 바라오며 기도하옵니다.

이 세상의 일이야말로 모두 주님의 명에 달려 있으니, 마음을 편안히 하시기를 천만 번 바라올 뿐입니다. 분도는 장차 신부가 되게 길러 주시기를 바라오며, 훗날에도 잊지 마시고 천주께 바치는 몸이 되도록 키워주시옵소서.

이 밖에도 드릴 말씀은 많사오나, 훗날 천당에서 기쁘게 만나 뵈올 때 다른 말씀은 그 때 드리겠습니다. 위아래 여러분께 인사도 드리지 못하오니, 신앙을 열심히 지키셔서 훗날 천당에서 기쁘게 만나 뵙겠다고 전해 주시기 바랍니다.

이 세상의 일은 정근과 공근 두 아우들에게 들어 주시옵고, 제 걱정은 마시고 마음 편히 지내시옵소서.

분도 어머니에게 부치는 글

장부 도마 올림

　예수를 찬미하오. 우리들은 이슬과도 같은 허무한 세상에서 천주가 맺어줌으로써 부부가 되고 다시 천주의 명으로 이제 헤어지게 되었으나, 또 머지않아 천주의 은혜로 천당에서 만나게 될 것이오.

　감정으로 인하여 괴로워하지 말고 천주의 안배만을 믿고 열심히 신앙을 지키시오. 어머님께 효도를 다하고 두 아우들과도 화목하고 자식의 교육에 힘써 주시오. 세상을 살아갈 때 마음과 몸을 편안히 하고 후세 천당의 영원한 즐거움을 누리게 되기를 바랄 뿐이오.

　장남 분도는 신부가 되게 하려고 나는 마음을 먹고 있었으니 그리 알고 반드시 잊지 말고 천주께 바치어 신부가 되게 하시오.

　할 말은 많지만 훗날 천당에서 기쁘고 즐겁게 만나 자세히 이야기할 기회가 있을 것을 믿고 또 바랄 뿐이오.

명근 현제(賢弟)에게 부치는 글

도마 기(寄)

예수를 찬미한다.

홀연히 왔다가 홀연히 떠나니 꿈 속의 꿈이라 할까.

다시 중몽(重夢)의 날을 파하고 영복(永福)의 땅에서 기쁘게 얼싸안고 더불어 영원히 태평한 안락을 받을 것을 바랄 뿐이다.

주) 안중근 의사는 1910년 2월 14일 뤼쑨 지방 법원에서 6회의 공판 끝에 사형 언도를 받은 다음 상소를 하지 않기로 결심하고, 어머니와 부인 등에게 보내는 편지를 써서 두 동생 정근과 공근 편에 전했다.

이 편지들에서 안중근 의사는 훗날 천당에서 다시 기쁘게 만나기를 바란다고 말하고 있다.

최후 공판 기록·I

(5차―변론 및 최후 진술)

때 : 1910년 2월 12일 오전 9시 30분(5차 공판)
곳 : 뤼쑨(旅順) 일본 관동도독부 법정

재판장 : 마나베 주우조(眞鍋十藏)
변호인 : 가마다 마사지(鎌田正治)
변호인 : 미즈노 기치타로(水野吉太郎)
통 역 : 소노키 스에요시(園木末喜)

(재판장이 변호인 심리를 속행할 것을 고하자)

변호인 : 본건은 청국의 영토 내에서 발생한 범죄이며 피고는 한국의 국적을 가진 자이다. 그리고 한국 신민(臣民)은 청국 영토 내에 있어서는 한청통상조약에 의해 치외법권을 가진 것이다.

그러나 메이지 38년(1905) 11월 17일 체결된 한일 협약에 의하면 일본은 한국으로부터의 위임에 의해 한국을 보호하기로 되어 있으므로 외국에 있어서의 한국민은 한국법령에 의해 일본국의 보호를 받아야 할 것이다.

때문에 본건과 같은 경우에 있어서는 한국의 법익을 보호하기 위해서 제국형법을 적용할 것이 아니라 한국법에 의해야 할 것이다.

그렇지 않으면 위임의 범위를 초월하여 한국의 입법권을 좌우하는 것과 동일한 결과가 생길 것이다. 이상의 이유에 의해 이미 본건은 한국 형법이 적용되어야 할 것이라면, 한국 형법에 있어 외국에서 범한 죄에 대해서는 하등 벌할 규정이 없으므로 각 피고는 이를 처벌할 것이 아니다.

가령 검찰관의 논고와 같이 일본 형법을 적용한다 할지라도 피고 조(曺)와 유(劉)는 일찍부터 노령(露領)에 있었고 한국에는 단지 국적을 가졌다는데 그치며 거의 한국을 망각한 것 같으므로 정(情)을 알고 본건에 가담했다고 인정할 적절한 증거가 없을 뿐 아니라, 유에 대해서는 종범된 살인방조죄의 요소가 결핍되어 범죄를 구성하지 않으므로 이에 상당하여 처리할 것이며, 피고 안(安)과 우(禹)의 범죄 사실에 대해서는 의논할 여지가 없으나 피고 안은 이미 죽음을 결심하고 실행한 자인데 이에 사형을 과하였다 하여 형법의 주의인 징계 또는 사회를 엄히 꾸짖는 효력이 없으므로 안을 사형에 처할 필요가 없다.

특히 피고들은 나라를 우려한 나머지 드디어 본건 범행을 하기에 이르렀던 것으로 그 심사는 참으로 가련한 것으로써 피고들에 대해서는 적당한 형량 위에 될 수 있는 한 감등하여 가벼운 징역에 처함이 마땅하다고 사료된다.

재판장 : (각 피고인들에 대하여) 이제 이 재판도 최후의 진술을 할 때가 왔다. 앞에서 이미 변호인으로부터 상세한, 그리고 피고인들에게 유리하다고 생각되는 변론도 들었다. 피고들이 최종으로 공술할 말은 없는가?

유동하 : 나는 말할 것은 없으나 이토 공작에 대해서나 그 외 어떤 일본인에 대해서도 모욕적인 말을 한 적이 없다. 본건에 대해서 전연 아무런 관계도 없는데 검찰관의 논고를 듣고 유감을 견디기 어렵다. 이런 경우 아니 땐 굴뚝에 연기 난다는 격이라고 할 수 있을 것이다.

조도선 : 나는 이 사건과는 아무런 관계가 없는데 일이 이렇게 된 것은 단지 내가 어리석은 탓이라 생각한다. 안으로부터 이야기를 듣고 함께 행동한 것처럼 된 오늘날의 경우도 모두 내가 우매한 탓으로 별로

말할 것도 없다.

우덕순 : 대체로 오늘에 이르러 별로 할 말은 없으나, 한두 가지만 말하겠다. 내 자신이 이번 거사에 가담한 것은 한국과 일본 사이에 가로 놓인 하나의 장벽을 없애기 위하여 한 것이며, 오늘 이후로는 일본 천황의 선전 조칙의 취지에 따라 한국인을 인간적으로 대우해 주고, 또 한국의 독립을 굳건히 해 줄 것을 부탁한다.

안중근 : 나는 아직 할 말이 많다.

재판장 : 그대는 이제까지 중복해서 말한 바가 있다. 중복되지 않도록 순서 있게 말해 주기 바란다.

안중근 : 그것은 다름이 아니다. 이틀 전에 검찰관의 논고를 대강 들어 봤는데, 그 중에는 검찰관이 오해한 부분이 상당히 많았다. 그 중에서도 가장 중요한 것에 대해서 그 개요만을 간추려 말하겠다.

한 예를 들면, 하얼빈에서 검찰관이 취조할 때 내 아들에 대해서 조서를 꾸민 일이 있었다. 이틀 전에 그 심리 결과를 들으니, 내 사진을 내 아들에게 보이면서 '이게 네 아버지냐?'하고 물으니, '우리 아버지다'라고 그 애가 대답했다고 했다. 그러나 그 애는 올해 다섯 살이며, 내가 고향을 떠난 지가 3년 전이고 내 아들은 그 때 두 살 때였다. 그 후로는 전혀 본 일이 없으니, 그 애가 나를 알아볼 리가 만무하다. 이 한 예를 보더라도 그 심리가 얼마나 소홀하며, 또 엉터리인지 능히 입증할 수 있으리라 믿는다.

또한 재판 자체에 관해서 한 가지 말하겠다. 나의 이번 거사는 나 개인의 자격으로 한 것이 아님을 재삼 말했으니 양해해 주었을 줄로 믿는다. 그리고, 국제 관계를 심리하는데 재판장을 비롯하여 통역, 변호인에 이르기까지 모두 일본인으로만 구성되어 있다.

이 자리에는 한국의 변호인도 와 있고 나의 동생도 와 있는데, 왜 그들에게는 말할 기회를 주지 않는가? 변호인의 변론이나 검찰관의 논고는 모두 통역을 통해서 그 요점만을 들려 주있으나, 그 짐도 내 견해로는 매우 미심쩍을 뿐만 아니라, 객관적으로 입장을 바꿔 놓고 생각한다 하더라도 편파적인 취급이라는 인상은 면치 못하리라고 생각한다.

그리고 앞에서 검찰관의 논고와 변호인의 변론을 들으니, 모두 이토의 시정 방침은 하나같이 완전 무결한데, 내가 그것에 대하여 오해를 하고 있다고 말했다. 이것은 그 내용을 잘 알지 못하고 하는 말이다. 이토의 시정 방침은 결코 완벽한 것이 아닐진대 어찌 오해라고 할 수 있겠는가?

나는 이토의 시정 방침이라는 것을 잘 알고 있으

며, 이토가 한국에 주재하며 대(對) 한국 정책으로 무엇을 했는지는 자세히 알고 있으나, 말할 시간이 없으므로 그 줄거리만을 말하고자 한다.

1905년에 5개 조약이 체결되었으니 이것이 바로 보호조약인데, 그때 한국의 황제를 비롯해서 한국의 국민은 누구라도 일본의 보호를 받고자 한 사실이 없었다. 그럼에도 불구하고 이토는 마치 한국측에서 희망하여 조약을 체결한 것처럼 말했다.

그것은 이토가 일진회(一進會)를 사주하고 금전을 제공하여 그런 운동을 벌이게 했고, 황제의 옥새도 없이 총리 대신의 승낙도 받지 않고, 다만 권세로서 한국민을 기만하여 5개 조약을 체결케 한 것이지, 결코 한국이 원해서 한 것이 아니라는 것은 누구나 다 알고 있는 사실이다. 따라서 이토의 대한(對韓) 정책에 대해 한국의 뜻있는 유지들은 분개한 나머지 여러 차례 황제께 상소하여 이토의 정책에 개선을 꾀한 바 있다.

러일전쟁 때 한국의 독립을 굳건히 하기 위함이라고 했으므로, 한국인도 이를 깊이 신뢰하여 일본과 함께 동양에 진출하기를 바라마지 않았다. 그러나 이토의 정책은 정당하지 않았던 까닭에 전국에서 폭동이 자주 일어나 하루라도 백성들이 안도의 숨을 쉴 날이 없었다.

오늘날 한국의 비참한 운명은 모두 이토의 정책 때문이었으므로 최익현은 의병을 일으켜 싸우다 붙잡혔고, 그 후에도 방침이 조금도 개선되지 않자 한국의 선비들이 때때로 정책을 제시했으나 아무런 효과가 없었다. 이런 상태 아래서 전 황제께서는 2명의 밀사를 헤이그 만국 평화회의에 파견하시기에 이르렀다. 그것은 5개조의 보호조약이 일본측의 폭력에 의해 체결된 것으로서 왕의 옥새가 찍힌 것도 아니며, 총리 대신이 보증한 것도 아니므로 그 경위를 널리 알리자는 뜻으로 평화회의에 참석시켰으나, 어떤 사정 때문인지 일이 잘 이루어지지 않았다.

한편, 이도는 한국에 다시 와서 궁중에 침입하여 칼로써 황제를 협박하고 7개조의 조약을 체결했다. 황제를 폐하고 일본에 사죄사(謝罪使)를 파견할 것이 그 7개조 안에 포함되어 있었다. 그리하여 한국의 국민은 상하를 막론하고 분개한 나머지 유지는 배를 갈라 순국하고, 일본과 항전하기 위해서 일반 민중은 총칼을 들고 일본군에 저항하는 병란이 일어났다.

그 후 수십만의 의병이 조선8도 도처에서 봉기했다. 뿐만 아니라, 한국의 황제께서는 일본이 한국을 정복하려는, 참으로 국가의 운명이 위급한 순

부록 187

간에, 가만히 앉아서 게으르고 어리석게 방관하는 자는 백성의 의무를 다하지 못하는 자라는 조칙을 내리기에 이르렀다. 그리하여 한국 국민들은 더욱더 분개하여 오늘날까지 항전을 멈추지 않고 있는 것이다.

아마도 오늘까지 역살(逆殺)당한 한국인은 10만 이상을 헤아릴 줄로 안다. 10여만 명의 한국인이 나라를 위해 싸우다가 죽었으니, 이것은 본래의 소망대로 된 것이겠으나 사실은 이토 때문에 역살된 것이다. 머리에 쇠사슬을 씌워 산 채로 죽이고, 사회를 위협하기 위해 양민들에게 그 광경을 보이는 등 참역무도(慘逆無道)한 짓을 공공연히 자행하여 10여만 명을 죽인 것이다. 이와 함께 우리 의병의 장졸도 적지 않게 전사했다.

이토의 정책이 그러하므로 한 사람을 죽이면 열 사람이 일어나고, 열 사람을 죽이면 백 사람이 잇달아 일어났다.

따라서 이익은커녕 오히려 해독만 날로 더해 갈 뿐이었다. 결국, 한국에 대한 이토의 시정 방침을 개선하지 않는 한, 한국의 독립은 요원하며 전쟁은 끊임없이 계속되리라고 생각한다.

이토란 놈은 스스로 영웅인 체하지만 사실은 간웅(奸雄)이다. 그놈은 간사스러운 지혜가 많아 한국에 대한 보호는 원만하게 진행되고 있는 양 신문에 떠들고, 일본 천황과 그 정부에 대해서도 같은 거짓말로 일진월보하고 있다고 속이고 있었으니, 한국 국민은 오래 전부터 이토를 크게 증오하고 그 놈을 없애고야 말겠다는 적개심을 품어 왔다.

사람이라면 누구나 생을 즐기려고 하지 죽기를 원하겠는가? 그러나 한국민은 사시장철 도탄에 허덕여 고생하지 않는 자가 없으니, 아마도 평화롭게 살기를 원하는 마음은 일본 사람보다 더한층 강했으리라고 생각한다.

또한 나는 이제까지 여러 계층의 일본인과 만나 흉금을 터놓고 이야기해 본 적이 있다. 먼저 나는 군인과 만났던 이야기부터 말하려 한다. 그 군인은 수비대로 와 있는데, 내가 그에게 '당신은 지금 해외에 와 있지만 고향에는 부모 처자가 있을 테니, 밤에는 잠이 잘 오지 않겠군요'하니, 그 군인은 '부모 처자를 고향에 두고 국가의 명령으로 수비대로 파견되어 왔으니 고향에 대한 향수야 이루 다 말할 수 있겠소'하고 슬픈 낯으로 울먹이며 말하는 것이었다. 나는 '그렇다면 동양이 평화롭고 한일 양국 사이에 아무 일이 없으면 이런 슬픈 일은 없지 않겠소?'하고 물은즉, 그는 '물론 전쟁을 한다는 것은 원치 않지만 수비대의 명을 받고 이

곳에 온 이상 싸우지 않을 도리가 없으니 고국에 돌아간다는 생각은 꿈에도 할 수 없는 일이오'라고 말하였다. 그는 또 '일본 정부에는 간신배들이 너무 많아 동양 평화를 교란시키고 있소. 따라서 나처럼 본의 아니게 다른 나라에 와서 전쟁을 하지 않으면 안 될 형편에 있는 사람이 많소. 그렇게 만든 놈들을 잡아 죽여야 한다고 생각은 하나, 나 한 사람의 힘으로는 그럴 수도 없으니 하는 수 없이 명령에 따를 뿐이오'라고 말한 일이 있었다.

그리고 또 나는 일본 농부와 만나 대화해 보았다. 그 농부의 말인즉, '한국은 농업이 성한 나라라고 듣고 왔으나 소문과는 달리 도처에 폭도가 있어서 농사를 지을 수가 없소. 그렇다고 귀국하려 해도 이전에는 농업국이라 좋았으나 지금은 전쟁 중이라 재원을 얻으려고, 농민에게 가혹한 세금을 부과하고, 토지는 점점 좁아지고, 조세는 늘어만 가니 도저히 본국에 돌아가 농사를 지을 수도 없소. 이를 어찌해야 좋을지 모르겠소'하면서 울고만 싶다는 것이었다. 그리고 그는 '일본의 대한 정책이 변경되지 않으면 몸둘 곳이 없소'라고 탄식하는 것이었다.

또한 나는 일본의 도덕가도 만나 보았다. 그는 예수교의 전도사였는데, 내가 먼저 '무고한 백성들을 매일같이 학살하는 그 일본인들에게 전도사가 다 뭐요?'하고 질문하자, 그 전도사는 '그처럼 대역무도한 인간들은 가련하기도 하고 밉기도 한 것이오. 그들이 잘못을 뉘우치고 착해지는 길 외에 별 도리가 없으니 그들이 불쌍해서 하느님께 기도를 드리는 것이오'라고 말하는 것이었다.

이와 같이 지금 내가 말한 여러 계층의 사람들에게 다시 물어 봐도 모두 동양의 평화를 희망하고 있다는 것을 대개는 알 수 있을 줄 안다. 그와 동시에 간신 이토를 얼마나 증오하고 있는지 그 정도도 짐작할 수 있으리라고 생각한다. 일본인들까지도 그러하거늘 하물며 한국인으로서 자기의 친척과 지기(知己)가 죽음을 당하는 마당에 어찌 이토를 증오하지 않을 수 있겠는가? 따라서 내가 이토를 죽인 것은 전에 말한 바와 같이 의병 중장의 자격으로 한 것이지 결코 자객으로서 한 것이 아니다.

한, 일 두 나라의 친선을 저해하고 동양의 평화를 어지럽힌 장본인이 바로 이토이므로 나는 한국의 의병 중장의 자격으로 그를 제거한 것이다. 그리고 나의 희망은 일본 천황의 취지와 같이 동양 평화를 이루고 5대주에도 모범을 보이고자 하는 것이다. 내가 잘못하여 범행을 저질렀다고 하지만, 그것은 결코 잘못된 일이 아님을 주장하는 바이다.

재판장 : 그만하면 되지 않았는가?

안중근 : 할 말이 좀더 남아 있다. 내가 지금 말한 것처럼, 이번 사건은 결코 과오에서 일어난 일이 아니므로, 오늘이라도 만일 일본의 천황이 한국에 대한 이토의 시정 방침이 실패였다는 것을 알게 된다면, 오히려 나를 충성스러운 사람이라고 하여 상을 내릴지언정 단순히 이토를 죽인 자객으로 대우하지 않을 줄로 확신한다.

모쪼록 한국에 대한 일본의 방침이 개선되어, 일본 천황이 의도한 바 있는 동양의 평화가 한일 양국간에 영원히 유지되기를 희망한다.

이 자리에서 한 마디 더 말해 둘 것은, 앞에서 두 변호인의 말에 의하면 광무 3년 한청 통상조약에 의해 한국인은 청나라에서 치외법권을 가지며, 또한 청나라는 한국에 대하여 치외법권을 가지고 있으므로, 한국인이 해외에서 범죄를 저질렀어도 아무런 명문이 없어 무죄라고 한 것은 천만 부당한 말이라고 생각한다.

오늘날 사람들은 모두 법률 아래에서 생활하고 있다. 살인을 해도 아무런 제재를 가하지 않는다는 것은 말도 되지 않는다. 그러나 나는 결코 개인적으로 한 것이 아니라 의병으로서 한 것이다. 따라서 나는 전쟁에 나갔다가 포로가 되어 이 곳에 온 것이라 확신하고 있으므로, 나를 처벌하려거든 국제 공법(公法)에 의해 다스려 줄 것을 희망하는 바이다.

재판장 : 더 이상 할 말은 없는가?

안중근 : 더 이상은 아무것도 없다.

재판장 : 그러면 이것으로써 본건의 심문을 끝맺기로 하고, 판결은 오는 14일 오전 10시 정각에 언도한다.

(이 날 폐정 시각은 오후 4시 15분이었다.)

최후 공판 기록 · Ⅱ
(6차—판결 언도)

때 : 1910년 2월 14일 오전 10시(6차 마지막 공판)
곳 : 뤼쑨(旅順) 일본 관동도독부 법정

재판장 : 마나베 주우조(眞鍋十藏)
통 역 : 소노키 스에요시(園木末喜)

안중근 : 32세. 조선 평안남도 진남포 무직, 안응칠 사(事)
우덕순 : 34세. 조선 경성(동서) 동대문내 양사동 연초상
조도선 : 38세. 조선 함경남도 홍원군 경포면 세탁업
유동하 : 19세. 조선 함경남도 원산 무직, 유강로 사(事)

재판장 : 위의 4인에 대한 살인 피고 사건에 대하여 본 법원은 모든 심리를 마치고 다음과 같이 판결한다.

(주문)

재판장 : 피고 안중근은 사형에 처한다. 피고 우덕순은 징역 3년에 처한다. 피고 조도선, 피고 유동하를 각각 징역 1년 6개월에 처한다.

압수물 가운데 피고 안중근의 소유였던 권총 1정, 탄환 1편, 탄창 2개, 탄환 7발(검령특 제1호의 1, 2, 5, 6), 우덕순의 소유였던 권총 1정(탄환 16발)은 몰수하고, 그밖의 것은 각 소유자에게 돌려주기로 한다.

(판결 이유)

재판장 : 피고 안중근은 메이지 42년(1909) 10월 26일 오전 9시 이후, 러시아 동청(東淸) 철도 하얼빈 정거장 내에서 추밀원 의장인 공작 이토 히로부미와 그 수행원을 살해할 의사를 가지고 그가 소지했던 권총(검령 제1호의 1)을 겨누어 연속적으로 발사하여, 세 발은 공작을 명중시켜 살해하고, 또 수행원인 하얼빈 총영사 가와카미, 궁내 대신 비서관 모리, 남만주 철도 주식회사 이사 다나카 등에 각 1발씩 명중시켜 수족과 흉부에 총상을 입혔으나 3명에 대해서는 피고의 목적을 이루지 못했다.

피고 우덕순은 안중근이 앞의 이토 공작을 살해

하려는 목적을 알고, 그 범행을 방조할 의사를 가지고 메이지 42년 10월 21일 그의 소유인 권총(검령 제1호의 17)과 탄환 수 발을 범죄에 쓸 목적으로 휴대하고 안중근과 함께 러시아 령 블라디보스토크를 출발하여 하얼빈에 왔다. 또 같은 달 24일에 함께 남행하여, 지야이지스고 역으로 가서 이 역에서 공작의 도착을 기다려 범죄를 결행하는데 적당한지 아닌지를 알아보기 위해 다음날인 25일까지 이 역의 형편을 알아볼 목적으로 함께 돌아보는 등 안중근의 범죄 예비에 가담했다.

피고 조도선과 유동하는 앞의 피고 우덕순과 동일한 의사를 가지고 있었다. 조도선은 지야이지스고 역을 돌아보려는 안중근, 우덕순과 하얼빈에서부터 동행하여 오던 도중, 또는 지야이지스고 역에서 그들을 위해 러시아 말의 통역을 했고, 유동하는 안중근이 같은 달 24일 지야이지스고 역에서 공작의 도착 여부를 묻는 전보에 대해 하얼빈에 '내일 아침에 온다'는 답전을 보냈고, 그를 다음날인 25일 하얼빈에 오게 함으로써 안중근의 범죄 예비에 가담했다.

이상의 사실은 다음의 이유로 충분히 신빙할만하다고 인정하는 바이다.

피고 안중근은 메이지 42년(1909) 10월 26일 하얼빈 정거장에 도착한 이토 공작과 그 수행원을 살해할 목적을 가지고, 그 정거장에서 러시아 군대의 전면을 통과하는 일행 중 선두에 걸어가는 사람을 공작이라 생각하고 그 오른쪽 뒤편에서 그를 향해 권총을 계속 발사했고, 또다시 방향을 바꿔 뒤쪽에서 수행하는 사람들을 향해 계속 발사하다 체포되었음을 자인했다.

러시아 동청 철도 경찰서장의 부하 니기포로프는 러시아 력으로 10월 13일 오전 9시 30분 경 이토 공작이 수행원과 함께 군대의 오른쪽 끝을 향해 지나갈 때 증인도 군대의 뒤쪽에서 공작 일행과 나란히 서서 걸어가고 있었다. 이때, 일본인 무리 속에서 한 흉한이 뛰어나와 권총을 발사하는 것을 보고 증인은 재빨리 뛰어나가 흉한을 잡았음(러시아 국경 재판소의 예심 판사 스토라소프가 작성한 심문 조서에 기재)을 진술한 바 있다.

러시아 재무 대신 비서장 류오프는 하얼빈 정거장에서 이토 공작과 러시아 재무 대신 코코프체프를 수행하던 중, 공작이 군대의 전면을 지나 시민들 앞에 이르러 발길을 돌리자, 증인도 그를 따르려고 하였다. 그때 몇 발의 총성을 듣고 곧 뒤쪽을 돌아보니 일본인으로 보이는 한 사람이 공작의 등을 겨누고 발사하는 모습을 보았음(동 판사 작성의 심문 조서에 기재)을 진술한 바 있다.

하얼빈 총영사 가와카미는 10월 26일 오전 9시 이토 공작이 탑승한 특별 열차가 하얼빈에 도착, 러시아 재무 대신이 공작을 맞기 위해 열차 안으로 들어가서 약 25분 동안 환담한 후, 공작은 재무 대신과 함께 플랫폼에 나와 정렬한 러시아 군대 앞을 지나 외국 영사 몇 사람과 악수를 나누고, 다시 군대 쪽을 향해 두세 걸음 앞으로 나아갔을 때 갑자기 총성이 들려 뒤를 돌아보니 한 흉한이 총을 발사하는 것을 볼 수 있었다. 이때 증인은 오른편 뒤에 한 걸음 가량 떨어져 걸었는데, 마침 공작과 흉한의 중간 위치에 있었으므로 오른손에 한 발을 맞고 부상당한 경위(검찰관 작성 심문 조서에 기재)를 진술한 바 있다.

식부관(式部官) 후루야는 10월 26일 오전 9시 이토 공작을 따라 하얼빈에 도착했다. 공작은 러시아 재무 대신과 함께 러시아 군대 앞을 지나 외국 영사들과 인사를 나누고 돌아서서 몇 걸음을 옮겼을 때, 양복 차림의 한 사람이 나타나서 권총을 공작에게 겨누어 3발 가량을 발사했다. 당시 공작은 흉한과 1칸 정도밖에 떨어져 있지 않았으므로 공작이 그 자리에서 부상당한 경위(검찰관 작성의 심문 조서에 기재)를 진술한 바 있다.

시의(侍醫) 고야마는 이토 공작을 수행하여 하얼빈 정거장에 도착한 후, 러시아 군대 앞을 지나가던 중 마치 폭죽 터지는 것 같은 소리를 들었는데, 이와 동시에 공작이 부상당한 것을 보고 즉시 뛰어가서는 간호한 경위(검찰관 작성의 심문 조서에 기재)를 진술한 바 있다.

궁내 대신 비서관 모리는 이토 공작을 수행하여 하얼빈 정거장에 도착했다. 공작은 러시아 재무 대신과 함께 정렬한 러시아 군대 앞을 지나 각국 대표들과 악수를 나누고 다시 군대의 앞으로 되돌아서 몇 발짝을 걸어갈 때, 갑자기 양복 차림의 모자를 쓴 어떤 사람이 군중 속에서 뛰어나와 공작의 뒤쪽으로 바싹 다가와서 가와카미 총영사의 오른쪽으로 나와 권총을 겨누며 공작의 오른쪽에서 몇 발을 저격했다. 수행원은 즉시 이 급변을 알아채고 공작을 열차 내에 모시고 그 부상을 치료했다. 그때 증인도 왼쪽 어깨 부분에 관통상을 입었는데, 가와카미 총영사, 다나카 이사도 역시 부상한 경위(도쿄 지방 재판소의 검사가 작성한 청취서에 기재)를 진술한 바 있다.

남만주 철도 주식회사 이사 다나카는 이토 공작의 수행원으로 참가하여 하얼빈 정거장에 도착한 후 차에서 내렸다. 공작이 외국 대표들이 있는 곳에서 악수를 나누고 돌아서서 다시 러시아 군대 앞으로 왔을 때, 한 사람이 뛰어나와 권총을 발사하는 것을 볼 수 있었다. 그때 증인은 공작보다 훨씬 뒤쪽에 있었으므로 흉한과의 거리도 4, 5칸 떨어져 있었는데, 흉한은 다시 총구를 돌려 증인을 향해 발사했다. 이와 동시에 증인은 발 부분을 부상을 당하여 넘어지게 된 경위(검찰관 작성의 심문 조서에 기재)를 진술한 바 있다.

이상의 진술을 참조해 볼 때 앞의 피고의 자백은 추호도 의심할 여지가 없다. 더욱이 피고는 압수된 검령특(檢領特) 제1호의 1, 2, 5, 6의 권총(번호 제262336호), 탄환, 탄창은 자기의 소유로서 당시 피고가 예비 휴대했음을 자백했고, 러시아 국경 지방 재판소 예심 판사 스토라소프가 작성한 조서에는 제262336호의 브라우닝 식 권총을 분해, 검사한 결과 7개의 탄환을 넣을 수 있는 탄창은 비어 있었으나, 총구 안에 장전된 탄환 1발이 있었고, 그 총렬은 화약의 초연으로 검게 그을려 있었다는 사실이 기재되어 있고, 또 압수된 탄피 7개(검령특 제1호의 3)가 있었으므로 이로 본다면 피고가 당시에 발사한 탄환은 모두 7발인 것이 명백하다. 그 중 3발이 이토 공을 명중시켜 절명케 한 것은 다음의 진실 등으로 알 수 있다.

러시아 재무 대신 코코프체프는 이토 공작이 부상을 입고 치료의 효과도 없이 마침내 서거했다는 소식을 듣고, 약간 틀리기는 하지만 이것은 공작이 역에 도착한 후 40분을 지나지 않았음(러시아 국경 지방 재판소 예심 판사 스토라소프 작성의 심문 조서에 기재)을 진술한 바 있다.

식부관 후루야, 시의 고야마는 모두 공작이 부상을 입고 잠시 후에 서거한 경위(앞의 각 심문 조서에 기재)를 진술한 바 있다.

시의 고야마는, 공작에게 부상을 입힌 첫째 탄환은 오른쪽 위 중앙부에서 뚫고 들어가 오른쪽 가슴에서 수평으로 양쪽폐를 관통하고 왼쪽 폐에 박혔고, 둘째 탄환은 오른쪽 관절 뒤쪽의 오른쪽에서부터 뚫고 들어가 오른쪽 가슴 옆에서 흉복을 관통하고 왼쪽 갈빗대 밑에 박혔고, 셋째 탄환은 오른쪽 위 중앙 바깥 면을 스쳐서 윗배 중앙을 뚫고 들어가 복근에 박혔다고 했다. 이렇게 세 곳에 총상을 입었는데, 첫째와 둘째 총상에 의한 내출혈로 인한 허탈 때문에 사망의 치명적 원인이 되었다는 경위를 감정(검찰관 작성의 심문 조서에 기재)했으므로 이를 인정할 수 있다.

남은 4발 중 3발도 역시 유효하게 발사되어 가와카미 총영사, 모리 비서관, 다나카 이사 등 3명에게 각각 총상을 입힌 것은 다음과 같은 사실로 미루어 보아 확실하다.

육군 3등 군의관 쇼도쿠(正德岡熙敬)의 감정서에는 가와카미 총영사의 부상은 오른쪽 상박 골절의 관통상 및 오른쪽 흉벽의 찰과상으로 3개월의 치료 기간을 요한다는 내용이 기재되어 있다.

시의 고야마는 모리 비서관의 총상은 왼쪽 상박 중앙에서 뒤쪽으로 관통하고, 다시 왼쪽 등 부분의 연부를 관통한 총상으로서 약 1개월의 치료 기간을 요한다는 내용(앞의 심문 조서에 기재)을 감정했다.

의학 박사 스에미(尾見薰)는 메이지 42년(1909) 11월 12일 자의 감정서에 다나카 이사의 총상은 왼발 안쪽 아랫 부분에서 바깥쪽으로 관통한 총상으로서 약 3, 4주의 치료 기간을 요한다는 내용을 기재하였다. 그러므로 앞에서 나타난 각 피해자들의 진술을 참조하면 이는 명백한 사실이라고 할 수 있다.

재판장 : 피고 우덕순은 음력 9월 7일(양력 10월 20일) 러시아령 블라디보스토크에서 피고 안중근으로부터 이토 공작을 만주 순시 도중에 살해하겠다는 결의를 듣고, 또 그것을 실행하기 위해 하얼빈에 동행하자는 말을 듣고, 즉시 이에 찬동하여 동행할 것을 허락했다. 살해하는데 사용할 목적으로 전부터

소유하고 있던 권총(검령특 제1호의 17)을 소지하고 안중근과 함께 다음날인 8일 블라디보스토크를 출발해서 하얼빈에 도착했다. 11일에는 통역을 맡은 피고 조도선을 대동하고 안중근과 함께 남행하여 지야이지스고 역에 머물렀던 사실을 자백했고, 이 사실을 피고 안중근도 모두 시인했다.

피고 조도선도 안중근의 러시아 어 통역 부탁을 승낙하고, 안중근, 우덕순 두 사람과 함께 음력 9월 11일(양력 10월 24일) 하얼빈을 떠나 지야이지스고 역에 온 사실을 자인했다.

피고 유동하도 음력 9월 8일(양력 10월 21일) 피고 안중근으로부터 하얼빈에 가서 러시아 어를 통역해 달라는 부탁을 받고 포쿠라니치나야를 출발, 안중근, 우덕순 두 사람과 함께 9일 하얼빈에 도착했다. 친척인 한국인 김성백의 집에서 세 사람이 함께 자고 안중근, 우덕순 두 사람은 피고 조도선을 데리고 11일 하얼빈을 떠나 남행한 사실을 진술한 것으로 보아도 이는 명백하다. 그리고 피고 등이 지야이지스고에서 그 목적을 실행할 예비로써 함께 그 역의 정황을 돌아본 사실은 다음의 진술로 알 수 있다.

피고 안중근이 관성자 역에서 이토 공작의 도착을 기다려 결행하려고 했으나, 여비가 부족해 우선 가장 가까운 열차 교차역인 지야이지스고에 내려 그곳에서 하룻밤을 지내고 하얼빈으로 돌아간 사실과, 지야이지스고에 오는 도중에 탄두에 십자 모양이 새겨진 탄환 5, 6발을 우덕순에게 나누어 준 사실을 공술했다.

피고 우덕순에 대한 제2회 심문 조서(검찰관 작성)의 기재 사실에 대하여, 피고 안중근은 세 사람씩이나 지야이지스고에 있을 필요가 없다고 하여 11일 자기들을 그곳에 두고 하얼빈으로 떠났다고 공술했다.

지야이지스고 역의 하사관 세민은 러시아 력 10월 11일(양력 10월 24일) 정오에 세 명의 한국인이 제3열차 편으로 지야이지스고 역에 도착했고, 그 역에서 교차하는 열차가 있느냐고 묻기에 관성자에서 제4열차가 도착한다고 대답했다. 세 사람은 제4열차에 옮겨타지 않고 그 부근을 배회한 다음 다시 플랫폼으로 돌아왔고, 지야이지스고에 머물면서 어두워질 때까지 정거장 플랫폼을 산책하면서 그 날 밤을 이 역에서 숙박했다. 다음날인 12일 열차가 교차하기 1시간 전에 그들은 모두 플랫폼으로 나와서 제3, 제4열차를 횡단하여, 잠시 동안 서로 이야기를 나눈 뒤 동행자 중 한 사람을 제4열차에 태워 보낸 사실(러시아 국경 지방 재판소 예심 판사 스토라소프가 작성한 조서에 기재)을 공술한 바 있다.

이것을 종합해 볼 때 역시 명백하다고 하지 않을 수 없다. 피고 조도선은 안중근, 우덕순이 범죄를 예비하는 것을 몰랐었다고 항변하지만, 피고 조도선에 대한 제3회 심문 조서(검찰관 작성)에는 11일 지야이지스고에 도착한 그날 오후 유동하에게 전보를 칠 때 안중근에게서 이토 공을 살해하고자 하는 목적을 들었다는 사실을 공술한 기록이 있다.

이 진술뿐 아니라, 피고 안중근과 우덕순이 범죄를 저지를 것을 알고 그 역의 정황을 돌아본 것만 하더라도 그 절반은 방조한 것으로 인정할 수 있다. 피고 우덕순에 대한 제2회 심문 조서(검찰관 작성)에 안중근은 지야이지스고로 가는 기차 안에서 그 목적을 조도선에게 말했다는 사실을 공술했다고 기재되어 있으므로, 피고 조도선은 지야이지스고에 도착하기 전에 안중근의 목적이 무엇이었는가를 알았으며, 그들의 예비 음모에 가담했다고 인정할 수 있다.

피고 유동하는 음력 9월 11일(양력 10월 24일) 안중근 일행 3명이 하얼빈에서 지야이지스고를 향해 출발할 때, 안중근으로부터 이토 공이 하얼빈에 도착한다는 사실을 전보로 알려 달라는 부탁을 받고 이를 승낙, 그날 오후 안중근에게서 '지야이지스고에서 기다리고 있다. 하얼빈에 도착하는 대로 알려달라'는 전보를 받고, 그날 밤 알아본 대로 '내일 아침에 온다'는 답전을 쳤다. 다음날인 음력 12일 오후 안중근 역시 지야이지스고에서 유동하의 답전을 받고 하얼빈에 돌아왔다고 공술했으므로 그 자백은 충분히 믿을 수 있다.

피고 유동하는 음력 10일(양력 10월 23일) 밤 김성백의 집에서 안중근과 우덕순이 유동하와 같은 방에서 블라디보스토크의 대동공보사 편집장 이강에게 보내는 서한의 겉봉투를 러시아 어로 써 달라는 부탁을 받고 그대로 썼고, 또 다음날 안중근이 떠나기 전에 그 서한(검령 제1호의 11)을 우편으로 발송해 달라는 부탁을 받고 이것을 받은 사실(검찰관 작성 제3회 심문 조서에 기재)을 공술했다.

압수한 검령특 제1호의 11의 서한 중에는 '이토는 이달 12일 관성자에서 출발하는 러시아 철도국에서 배려한 특별 열차에 탑승하여 이날 오전 11시 하얼빈에 도착할 듯하오니 그대들은 조도선(曺道先) 씨와 함께 동생의 가족을 출영하기 위하여 관성자에 가는 것이라고 핑계를 대고, 관성자에서 십여 리 떨어진 어떤 정거장에서 이를 기다려 대사를 결행할 심산이오니 (중략) 대사의 성공 여부는 하늘에 달려 있는 것이요, 다행히 동포의 기도에 힘

입어 성사되기를 엎드려 비옵니다 (중략) 대한독립 만세'라는 구절이 기재되어 있다.

이것으로 본다면 유동하는 10일 밤 이미 피고 안중근, 우덕순이 이토 공을 살해하려는 목적을 가지고 다음날 남행할 것을 알고 있었고, 앞에 말한 바와 같이 떠나기 전에 이토 공의 도착 여부를 통지해 줄 것을 약속하고, 안중근에게 답전을 보낸 것이 명백하므로 안중근의 범행을 방조할 의사가 있었음을 인정하지 않을 수 없다.

재판장 : 이상과 같이 인정된 피고들의 범죄 사실에 대하여 법률을 적용하는 데 있어서는 우선 본건에 대하여 본원이 법률상의 정당한 관할권이 있다는 사실을 설명하지 않을 수 없다.

본건을 범죄한 곳과 체포된 곳은 다 같이 청나라의 영토이지만, 그곳은 러시아 동청 철도회사의 부속지이며 러시아 정부의 행정권 아래에 있다. 그러나 본건 기록에 첨부되어 있는 러시아 정부가 회송한 국경 지방 재판소의 형사 소송 기록에 의하면, 러시아 관헌은 피고를 체포한 후 즉시 피고를 심문하고 아주 신속히 증거물을 수집한 후에, 피고들이 모두 한국 국적을 가지고 있음이 명백하므로 러시아 재판에 회부할 것이 아님을 그 날로 결정했다.

메이지 38년(1905) 11월 17일에 체결된 한일협약(보호조약) 제1조에는, 일본 정부는 재 도쿄 외무성을 경유하여 암으로 한국의 외국에 대한 관계 및 사무를 감리, 지휘할 것이요, 일본국의 외교 대표자 및 영사는 외국에 있는 한국의 신민의 이익을 보호할 것이라고 되어 있다. 또 광무 3년(1899) 9월 11일에 체결된 한청 통상조약 제5관에 한국은 청나라 내에서 치외법권이 있음을 명기했으므로, 앞의 범죄의 장소와 체포된 곳을 관장하는 하얼빈 일본 영사관은 직무에 관한 법률이 규정하는 바에 의해서 본건 피고들의 범죄를 심판할 권한이 있다고 할 수 있다.

더욱이 메이지 41년(1908) 법률 제52호 제3항에 의하면, 만주에 주재하는 영사관의 관할에 속하는 형사 문제에 관해 국교상 필요할 때에는 외무 대신은 관동 도독부 지방 법원으로 하여금 그 재판을 하게 할 수 있다고 규정되어 있다. 외무 대신은 이 규정에 의거하여 메이지 42년(1909년) 10월 27일 본건에 대해 본원에서 재판을 하라는 명령을 내렸으므로 그 명령은 적법하고, 이에 의하여 본원이 본건의 관할권이 있음은 명백한 것이 되었다.

피고의 변호인은 일본 정부가 앞에서 말한 한일협약 제1조에 의해 외국에 있는 한국 국민을 보호한다는 것은 한국 정부의 위임을 받고 하는 것이기 때문에, 영사관은 한국 국민이 범한 범죄를 처벌함에 있어서 한국 정부가 공표한 형법을 적용해야 하며 일본 형법을 적용하면 안 된다고 변론했지만, 한일협약 제1조의 취지는 일본 정부가 그 국민에 대해 가지고 있는 공권 작용 하에서 한국인도 균등하게 보호할 것이라고 해석하여 공권 작용의 일부에 속하는 형사법을 여기에 적용한다.

이 적용으로 한국 국민을 일본 국민과 동등한 지위에 놓고, 그 범죄에 대해 일본 형법을 적용하여 처단하는 것은 그 협약의 본래의 취지에 맞는 것이라고 하지 않을 수 없다. 따라서 본원은 본건의 범죄에 일본 형법의 규정을 적용할 것이고, 한국법을 적용할 것은 아니라고 판정한다.

요컨대, 피고 안중근이 이토 공작을 살해한 행위는 일본 형법 제199조에 '사람을 죽인 자는 사형 또는 무기, 또는 3년 이상의 징역에 처한다'라는 조항에 해당되고, 가와카미 총영사, 모리 비서관, 다나카 이사를 살해하려다가 그 목적을 이루지 못한 행위는 동법 제43조, 제44조, 제199조, 제203조, 제68조에 해당되어, 즉 4개의 살인죄가 병합됐다고 본다. 그리고, 그 중 피고가 이토 공을 살해한 행위는 그 결의가 개인적 분노에서 나온 것이 아니라고 하지만, 깊은 모의와 생각 끝에, 또 엄중한 경호를 뚫고 저명한 인사들이 많이 모인 장소에서 감행한 것이므로, 이에 살인죄의 극형을 과하는 것이 마땅하다고 믿고, 그 행위에 의하여 피고 안중근을 사형에 처하기로 한다. 그러나 이 한 가지 죄에 대해서만 사형에 처하고, 일본 형법 제46조 제1항의 규정에 의하여 다른 3개의 살인미수죄에 대해서는 그 형을 과하지 아니 한다.

피고 우덕순, 조도선, 유동하는 모두 피고 안중근의 이토 공작 살해 행위에 방조했으므로 일본 형법 제62조 제1항, 제63조에 의하여 동법 제199조의 형에 비추어 경감할 것으로 한다. 그러므로 동법 제68조의 규정에 의해 경감한 형기의 범위 내에서 피고 우덕순은 징역 3년에, 또 피고 조도선, 유동하는 우덕순에 비해 그 범행이 가벼우므로 최단기인 1년 6개월의 징역에 처하기로 한다.

압수품 가운데 피고 안중근이 범죄시에 사용한 권총 1정과 탄환 1편, 탄창 2개, 탄환 7발(검령특 제1호의 1, 2, 5, 6) 및 우덕순이 범행에 사용하고자 했던 권총 1정, 탄환 16발(검령특 제1호의 17)은 각 소유자의 것이므로 (각 피고가 스스로 인정함에 따라), 일본 형법 제19조 제2호에 의하여 이것을 몰수하고, 기타 압수품을 관동 지방 재판 사무소 취급령 제67조,

일본 형사 소송법 제 202조에 의하여 각 소유자에게 되돌려 주기로 한다.

이상의 이유로 주문(主文)과 같이 판결한다.

검찰관 : 미조부치 다카오(溝淵孝雄)

재판장 : 마나베 주우조(眞鍋十藏)

서 기 : 와타나베 료이치(渡邊良一) 등이 본건에 관여함.

의거 전후 기록

1. 웅지를 안고 장도에 오르다

안중근, 우덕순 두 사람은 10월 21일 오전 8시 55분 유진률(대동공보사 사장) 씨와 동행, 블라디보스토크 역을 출발하여 장도에 올랐다. 세간의 시선을 피하기 위해 역에는 이강(대동공보사 편집주임) 씨와 양성춘 두 사람만이 대표로 전송나왔다. 그들은 장렬한 의거의 성공을 남모르게 격려하고 기원하였다. 유진률 씨 한 사람만은 도중 포쿠라니치나야 역까지 동행하여 굳은 악수로 그들의 무운(武運)을 손이 닳도록 기원하고 돌아갔다.

포쿠라니치나야 역에 하차한 두 사람은 한방의 유경집을 찾아가서 "가족을 맞이하기 위하여 지야이지스고 방면으로 여행하게 되었다"라고 거짓말을 한 후 그의 아들 유동하를 러시아 어 통역 겸 동행자로 허락해 줄 것을 간청하였다. 유경집은 마침 하얼빈에서 한약재를 구입할 용건도 있었던 참이라 즉석에서 이를 쾌히 승낙해 주었다.

이튿날 10월 22일 안중근, 우덕순 두 사람은 나이 18세인 유동하(劉東夏) 소년을 동반하고 하얼빈으로 직행하여, 유동하의 자형(姉兄)인 김성백 집에 도착 투숙하기로 하였다. 김 씨에게는 물론이고 유동하에게도 의거 직전까지 이토 저격이라는 목적은 한 마디 입 밖에 꺼내지도 않은 채 극비에 부치고 가족 출영이라고만 말하였다.

그곳에서 러시아 생활 20년의 경험으로 러시아 어와 러시아 사정에 정통한 교포 조도선을 만나서 안 의사는 그에게도 가족 출영을 간청하여 러시아 어 통역을 부탁하였다. 이에 그도 역시 흔쾌히 허락하여 네 사람은 러인 사진사를 청해서 다소곳이 기념 촬영을 하였다.

2. 의거지 하얼빈 역에 도착

10월 24일 안 의사는 유동하를 중개하여 김성백에게서 여비로 금 50원을 차용하려 했으나 빌리지 못하고 유동하만을 하얼빈에 남겨둔 채 우덕순, 조도선을 동반하여 지야이지스고 역으로 직행해서 러시아 인이 경영하는 역 구내 지하실 양식점에 투숙하면서, 구내의 지형과 열차의 발착시간과 귀빈 열차의 통과여부 등을 비밀스럽게 조사하며 대사의 성공을 목적으로 만반의 준비를 다했다.

10월 25일 하얼빈에 있는 유동하로부터 '명조래차(明朝來

車)'라는 전보가 왔으므로 지야이지스고 역의 담당은 우덕순·조도선 두 사람에게 부탁하고 안 의사 자신은 급히 하얼빈으로 돌아왔다.

이제까지 극비로만 하고 알려주지 않았던 일행의 거사 계획을 26일 아침 유동하에게도 비로소 통정하여 끝까지 대사 완성을 위하여 협력하기를 청하였다. 유동하 소년은 처음 한순간은 의외의 발언에 경악한 듯했으나 유도 또한 평범한 소년만은 아니었다. 그는 용감하고 총명한 타고난 성품의 소유자였으므로 즉석에서 이를 쾌히 승낙하고 대사 완수를 위해 일신을 희생할 것을 맹세하였다.

안 의사는 만일의 준비로 김성백에게서 170원을 차용하여 블라디보스토크 이강, 유진률, 양성춘 씨 등에게 그간의 경과 보고 겸 장차 행동 방침을 상세히 기록한 서신 3통을 유동하에게 주면서 즉시 우송할 것을 부탁하였다.

목표 인물 이토 히로부미가 탑승한 특별열차의 하얼빈 역 도착시간이 일각일각 숨가쁘게 다가오고 있었다. 안 의사는 통역이며 조수역인 유동하 소년을 대동하고 8시 이전에 역으로 나가서 역전다방 안에 들어가 정세를 살피고 있었다.

역 구내 외는 문자 그대로 철통같은 경계망을 펼쳐놓고 있어 날으는 새도 침입할 수 없으리만큼 삼엄한 광경이었다. 이윽고 러시아·청나라 양국의 고관, 육해군 장성과 각국 외교관, 재류일본인들이 속속 모여들기 시작한 것으로 보아 이토가 도착한다는 것은 틀림없다고 생각되었다.

안 의사는 마음 속으로 쾌재를 부르면서 유동하와 같이 일본인 군중에 섞이어 들어가 역 구내로 진입하는 데까지는 무난히 성공하였다. 그러나 러시아 헌병은 일부 군중에 대하여 엄중한 신분 검색을 실시하였다. 순서에 의하여 안 의사를 검색코자 한즉 기민한 유동하 소년은 러시아 헌병에게 유창한 러시아 어로 이분은 일본인 신문기자라고 대변하였다.

그리하여 위기일발의 장면을 무난히 통과한 후 유동하는 자형인 김성백의 집으로 되돌아 갔다. 안 의사는 득의의 미소를 띠우며 가슴 깊이 간직한 권총을 어루만지면서 이토의 도착을 기다리고 있었다.

3. 침략 원흉 이토, 일 섬광에 쓰러지다

이보다 앞서 이토(당시 추밀원의장)는 10월 12일 아사노(朝野顯要)의 성대한 전송을 받으면서 다수의 수행원을 대동하고 도쿄 역을 출발하였다. 도중에 오이소(大磯), 소로가쿠(滄浪閣)에서 2박 하고, 16일 시모노세키 발 여객선〔鐵嶺丸〕편으로 청나라 다롄으로 직행하여 18일 동양 제일이라는 다롄 부두에 상륙하였다. 21일에는 뤼쑨의 전적을 시찰하고 봉천으로 들어가 24일 무쑨탄갱(撫順炭坑)을 순시하고 25일 봉천에서 창춘으로 향하여 북행하였다.

그날 밤 창춘에 도착한 이토는 청나라 도대(道臺) 주최의 환영연에 참석한 후 러시아 측에서 보내온 귀빈열차에 그곳까지 출영나온 동청철도 민정부장 아푸아나시에 및 동 영업과장 이킨스에 소장 이하 경호사관들과 동승하고 26일 아침 9시에 하얼빈 역 플랫폼에 도착하였다.

이토는 출영나온 코코프체프 러시아 재무 대신과 열차 내에서 약 20~30분간 중요 회담을 하였다. 이 회담이야말로 당시 주변 열강들의 초점이었던 아시아 대륙에서의 러·일 세력확장 분야에 관한 중대회의의 서막이었을 것이다.

이토가 동 대신과 회담을 마친 후 그의 안내로 플랫폼에 나와서 환영나온 내외관민과 인사를 교환하고 경호군의 명예군단장인 동 장상(藏相)의 요청에 의하여 구내에 도열한 군단병을 사열한 후 몇 걸음을 역행하여 귀빈마차로 향하던 순간에, 도열한 군부대의 후방에 자리잡은 일본인 군중으로부터 맹호처럼 뛰쳐나온 양복차림의 한 청년이 있었으니 그가 곧 안중근 의사였다. [나카노 야스오의 기록에 의하면 안 의사는 양복 위에 반 코트를 입고 헌팅 모(帽)를 쓰고 있었다 함].

안중근 의사는 천재일우의 기회를 놓칠세라 권총을 높이 치켜들어 연속 굉음을 내며 발사하였다.

이토와의 거리는 불과 십여 걸음 내외였다. 처음 3발은 이토에게 명중되어 그 자리에서 무엇에 기대는 듯 쓰러지는 것을 만주철도 나카무라(中村) 총재가 부축하였고, 나머지 4발은 수행중이던 가와카미(川上) 하얼빈 총영사의 팔과 어께, 모리 야스지로(森泰二郎) 비서관의 팔, 다나카(田中) 만주 철도 이사의 발, 무로타(室田) 귀족원 의원의 외투와 바지를 관통하면서 왼손 새끼손가락에 각각 1발씩 명중되어 중경상을 입혔다. 최후 1발은 미호후 로 러시아인에게 저지당하여 발사되지 않았다.

(나중에 취조에 의해 밝혀진 바에 의하면 그는 브라우닝 8연발의 권총을 소지하였는데 그 많은 인원과 경호 속에 어떻게 7발의 탄환을 발사할 수 있었는지, 또 어떻게 저마다 명중되었는지 안 의사의 민첩함과 사격술에 일본인들마저도 놀라지 않을 수 없었다 한다.)

총격에 맞은 이토는 만철총재 나카무라, 무로타, 후루야(古谷) 등에게 들려서 열차 내로 운반되어 수행의사 오야마(小山)와 거류민단에서 파견된 의사 모리하시(森橋)에 의해 붕대 등으로 지혈하는 등 응급처치를 받았다.

그러나 그는 휴대용 단장(短杖)을 휘두르면서 양주 브랜디를 가져오라 하여 오야마가 권하는 브랜디를 한 잔 마시고 가해자가 한국인이란 말을 듣고는 '바보같은 놈'하고 중얼거렸다.

두 번째의 잔을 요구해서 마셨으나, 세 번째 잔은 이미 마실 기력이 쇠잔해졌다. 곧이어 얼굴이 창백해지면서 절명할 순간에 '모리(森)도 다쳤느냐'는 일성을 남기고 오욕으로 얼룩진 그의 생을 마감하였다. 이때가 1909년 10월 26일 오전 10시였으니 안 의사의 탄환이 박힌 지 30분 만이었다.

장엄처열(壯嚴凄烈)! 견위수명(見危授命)!

안중근 의사는 당황한 빛이 하나없이 두 손을 높이 들고 아연실색한 관헌과 군중들 앞에서 '코레아 우라'(대한만세의 러시아 어)를 연창한 후 태연자약한 태도로 러시아 동청철도 경찰서장의 부하 니기포로프에게 체포 결박되었다.

(오야마 의사가 밝힌 이토의 진단 소견서)

이토의 부상은 세 군데의 맹관 총창으로, 그 첫째는 바른쪽 팔뚝 중앙 바깥쪽에서 관통하여 제7늑간을 향해 수평으로 뚫고 들어가 흉부의 출혈이 많았으며 탄환은 모름지기 좌측 흉부 내에 있을 것이다. 두 번째는 바른쪽 팔꿈치 관절 바깥쪽에서 그 관절을 관통하여 제9늑간으로 들어가 흉복부를 향하여 좌측 늑골 밑에 박혀 있다. 세 번째는 상복부의 중앙에서 우측으로 뚫고 들어가 왼쪽 복근에 박혀 있다.

4. 의거 직후 러시아 헌병과의 일문 일답

러시아 헌병은 안 의사를 하얼빈의 한 방으로 끌어들인 후 다음과 같이 일문일답을 하였다.

헌병 : 그대는 어느 나라 사람인가. 주소와 성명은?
안　 : 나는 한국인이다. 본적은 대한국 평안남도 용정동

183번지이며, 성명은 안응칠이다.

헌병 : 직업과 연령은?

안 : 직업은 한국의용병 참모중장이며, 연령은 31세이다.

헌병 : 현주소는?

안 : 블라디보스토크 항 신한촌(新韓村)에도 살고, 엔치아(煙秋) 교외에 있는 하리(下里)에서도 살고 있다.

헌병 : 무슨 이유로 일본인 이토 공을 살해하였는가?

안 : 이토는 우리 대한의 독립주권을 침탈한 원흉이며 동양평화의 교란자이므로 대한의용군 사령의 자격으로 총살한 것이며 안응칠 개인의 자격으로 사살한 것이 아니다.

헌병 : 이토 저격의 목적을 달성한 후 자살이라도 할 생각은 없었던가?

안 : 그런 생각은 없었다. 나는 동양의 평화와 조국의 독립을 위하여 왜괴(倭魁)를 타도한 것인즉 이토 한 놈만을 죽이고 죽을 생각은 없다. 만일에 내가 실패할지라도 제2, 제3의 후속 참간(斬奸) 용사가 속출할 것이다. 이토는 한국의 독립을 보호한다고 제3·제4 공약을 하고도 을사5조약과 정미7조약을 강제로 체결하여 한국의 외교와 내치(內治), 그리고 국방권을 모조리 침탈하고 침략의 마수(魔手)를 뻗치는 우리의 공적이다. 귀국(貴國)에 대해서도 불의, 무명(無名)의 전쟁을 유발하여 침략전쟁의 실마

리를 일으킨 것도 이토 일파의 침략주의자들의 계
략(計略)에서 나온 것이며, 이번 귀국(貴國)을 방문
한 목적도 우리 한국을 병탐(倂呑)하려는 간악한
음모를 실현하려는 준비행동에 불과한 것이다.

헌병 : 동지는 몇 명인가?

안 : 동지는 2천만이다. 그러나 이번 의거는 나의 단독
행동이었다. 이후에도 참간의 의용대는 계속해서
나올 것이다.

헌병 : 코레아 우라를 삼창한 이유는 무엇인가?

안 : 목표 인물인 이토가 고꾸라지는 것을 보고 통쾌함
은 물론이요, 또한 대한남아의 의거임을 여러 사
람에게 알리기 위하여 코레아 우라(대한만세)를 연
창했던 것이다.

이 사건으로 인하여 재류동포로 러시아 헌병에게 체포된
사람이 30명 이상이나 되었으나 조사한 결과 대부분은 석
방되고 뤼쑨(旅順)의 일본감옥에서 압송된 사람은 25일 지
야이지스고 역에서 권총소지 이유로 체포된 우덕순, 조도선
두 사람과 하얼빈에서 안중근이 이강(李剛)에게 보낸 서한
3통을 우송코자 마음 먹었던 유동하 등이며, 유동하의 부
친 유경집(劉敬緝)과 탁공규(卓公奎) 등 몇 사람은 증인으로서
러·일 양국 관헌에게 엄중한 신문을 받은 바 있었다.

5. 부인의 만리여정에 경악스런 일만 일어나다!

 우연한 영감이라 할까? 혹은 신의 계시라고나 할까? 의사의 부인인 김아려(金亞麗) 여사는 곧 태어날 영식과 어린 딸 영애 양을 대동하고 부군을 찾아 10월 26일 오전 7시에 포쿠라니치나야 세관에 근무 중인 정대호(鄭大鎬)의 귀임을 계기로 그에게 동행을 의탁하여 남포역을 출발하였으니 향발 2시간 후에 부군이 의거한 사실은 전혀 몰랐던 것이다. 친정오빠인 김능권(金能權)은 평양까지 동승하여 전송나왔었다. 관성자(寬城子) 역에 도착하니 러시아 관헌들이 한인 여객에 대해서는 남녀노소를 막론하고 엄중한 검문 검색을 실시하였다. 부인의 출발역이 진남포였기 때문인지 아무런 이유도 말하지 아니하고 경찰서로 인도하여 수감하였다.
 같은 방에 수감 중이던 어떤 부인이 다른 부인에게 향하여 말을 건넸다.

갑 : 하얼빈에서 이토를 죽인 사람이 누구라던가요?
을 : 평양 사는 안서방이라던데요.
갑 : 총으로 쏘았다니요?
을 : 권총 예닐곱 발 중에 세 발은 이토에게 나머지 세네 발은 다른 일본사람 세 명이 맞았다나 봐요.

 김여사는 이 말을 옆에서 듣고 있다가 혹시나 주인의 신상에 무슨 이변이나 생기지 않았나 하여 물었다.

부인 : 언제 그런 일이 생겼습니까?
병　 : 26일날 아침에 하얼빈 정거장에서 야단법석이 있었지요.
부인 : 쏜 사람은 평양사람이라지요?
병　 : 평양사람이 아니라 진남포에 사는 안응칠이라는 30세 가량의 사람이랍데다.

김여사는 기절하리만치 놀랐다. 그러나 내심 쾌재를 부르면서도 한편으로 경악한 빛을 억제하면서 물었다.

부인 : 그 사람은 잡혔나요?
병　 : 즉시 그 자리에서 러시아 헌병에게 체포되었답데다.

김여사는 또 한번 실신하리만치 놀랐다. 부군의 신상에 생긴 괴변임에 틀림없었다. 시시각각으로 미루어 짐작한 예상이 그대로 적중한 것이다. 극도의 불안과 초조감으로 단 한 순간도 진정할 수가 없었다. 평정을 유지하려고 극구 노력하였으나 대담하던 한 방 여인들은 좀 이상하게 주목하는 것 같았다.
일각일순이라도 속히 현지로 가서 사실 여부를 확인해야 되겠다는 일념뿐이었다.

초조의 하룻밤이 지나고 이튿날이 밝았다. 아침 급식이 들어왔는데 아이들은 공복이 심하여 한술씩 먹었다. 식사 후 김여사는 형사실로 호출되어 어제 자신을 유치했던 일본인 형사한테서 신문을 받았다.

형사 : 본적과 주소, 성명, 연령은?
부인 : 본적은 재령(載寧), 주소는 평양, 성명은 김아려(일명 召史), 연령은 32세라고 대답하였다.
형사 : 진남포 역에서 차표를 산 것은 무슨 이유인가?
부인 : 진남포 용정동에 친척인 유대호 씨가 있으므로 동행하기 위하여 같이 진남포에서 승차하였다

고 대답한즉 형사는 다른 방에 수감 중인 유씨를 불러 물어보았다. 답변이 서로 일치하므로 석방되어 당장 위태한 상황에서는 탈출하였다.

김여사는 유대호와 같이 하얼빈 시로 급행하였다. 그 곳에서는 이토 살해사건으로 천지가 용동(聳動)하듯 민심이 흉흉하였다. 거사의 장본인이 부군임에 틀림없었다. 진퇴유곡에 빠진 김여사 일행은 여관을 정한 후 남포 본댁으로 급보를 타전하여 영제(정근·공근)에게 러시아로 급히 들어오도록 요청하였다. 아이들 때문에도 일순간이라도 시급히 부군을 만나보고자 하는 마음이 태산과 같았으나 도저히 목적을 이룰 수가 없었다.

6. 유가족에 대한 일본관헌의 폭압

남포항 본댁에는 매일과 같이 이사청(理事廳) 일본경찰이 찾아와서 방 깊숙이 천장과 온돌까지 뚫고 수색하여 사진과 편지 등을 압수하고 형사대가 부근 일대에 매복하여 일절 외부와의 연락을 차단하고 있었으므로 김여사가 하얼빈시에서 타전한 급보도 그들 일본경찰의 손에 영치되었다가 10여일이 지나서야 비로소 배달되었던 것이다.

본댁에서는 그 전보를 받기 전에도 무슨 큰 이변이 생긴 것이라고 짐작은 했었다. 그러자 이토 히로부미가 살해당했다는 것과 그 하수인이 안응칠이라는 신문기사가 보도되었으므로 사건의 윤곽만은 충분히 추측하고 있었던 차에 형수인 김여사로부터 전보를 받고 영제 공근(恭根)은 공립보통학교 교원직을 사퇴하고 형인 정근(定根)과 가족 일부를 대동하여 하얼빈에 도착하였다. 그때가 1909년 11월 중순경이었다. 기다리던 형수와 서로 만나 눈물겨운 지난 얘길 나누고 우거(寓居)할 장소를 목릉(穆陵)으로 결정하였다.

그러나 그때는 이미 사건이 러시아 관헌으로부터 일관헌의 손으로 이관되어 안 의사 외 관계자 일동은 뤼쑨의 관동도독부 지방법원검찰국으로 압송된 후였다. 목릉초로(穆陵草盧)에 여장을 푼 후 정근·공근 두 동생은 다시 뤼쑨으로 향하여 그곳에 근거를 정하여 접견, 차입, 교신(交信)과 변호인의 선임 등에 급급하였으나 일관헌의 폭압으로 만사가 여의치 못하였다.

□ 연 보

1879년 (고종 16년, 1세) 9월 2일(음력 7월 16일)에 황해도 해주 읍에서 아버지인 안태훈(安泰勳)과 어머니 조(趙)마리아의 맏아들로 태어나다.
   배와 등에 검은 점이 7개 있어, 응기칠성(應基七星)이라 하여 아명을 응칠(應七)이라 하다.
   조부 인수(仁壽)는 진해 현감(鎭海縣監)을 지냈으며, 가문이 지방호족으로, 대대로 해주에 세거(世居)하여, 세력과 명망을 누리다.
   본관은 순흥(順興)이고, 고려 때의 유명한 유학자 안향(安珦)의 손으로, 아버지는 성균 진사를 지냈으며, 어머니는 배천[白川] 조씨이다.
1884년 (고종 21년, 6세) 가산을 정리하여 가족이 신천군(信川郡) 두라면(斗羅面) 청계동(淸溪洞)으로 이주하다.
   서당에 다니며 학문을 배웠으나, 학문보다는 사냥에 뜻이 있었고, 나중에 명사수가 되다.
1892년 (고종 29년, 14세) 조모가 별세하다.
1894년 (고종 31년, 16세) 김아려(金亞麗)와 결혼하여 2남1녀를 두다.

이 해에 동학란이 일어나서, 황해도 지방에도 기세를 떨쳤는데, 부친과 더불어 포수들을 모집하여 신천 지방의 동학군을 격파하고, 무기, 탄약, 군마, 군량미 등 많은 전리품을 노획하다.

이 때 동학군의 접장이던 김구(金九)와 교분을 맺다.

1895년 (고종 32년, 17세) 지난해에 동학군에게 노획한 군량 중 절반은 탁지부 대신 어윤중(魚允中)의 것이고, 나머지는 전 선혜청 당상 민영준(閔泳駿)의 것이라고 반환을 요구해왔으나 거절하다. 이 때문에 반역을 꾀한다는 모함을 받아 프랑스인의 천주교당으로 도피하다. 이때부터 온 가족이 천주교 신자가 되고 전도에 힘썼으며, 마을 사람이 거의 다 신자가 되다. 프랑스인 홍요셉(한국명: 洪錫九) 신부에게 영세(領洗)를 받다. 영세명 도마(多默 道瑪). 홍 신부와 같이 경성(京城)으로 올라가 민 주교(閔主敎)에게 대학 설립을 요청했으나 묵살당하다. 이 일로 인해 천주교는 믿되 외국인은 믿지 않기로 하고, 프랑스어 공부도 그만두다.

1896년 (고종 33년, 18세) 옹진군민(甕津郡民)의 돈 5천 냥을 전 참판(前參判) 김중환(金仲煥)이 갈취한 것을 김중환에게 가서 따져 되찾다.

1897년 (고종 34년, 19세) 관리들의 학정(虐政)에 천주교인들이 항거하다. 불한당이 천주교인 행세를 하고, 관리들이 모함하여 조정에서는 사핵사 이응익(李應翼)을 파견하여 천주교인을 체포하게 하다. 안 의사의 아버지도 체포하려 했으나 항거하여 모면하다. 아버지에게 행패를 부린 청국인(淸國人) 의사 슈꺼(敍哥)를 징계하다.

1905년 (고종 42년, 27세) 을사보호조약이 체결되다. 아버지와 상의하여 집안이 독립운동을 위하여 중국으로 옮기기로 하고, 안 의사는 먼저 중국으로 떠나고 집안 사람들은 진남포(鎭南浦)로 옮겨 대기하게 하다.

일본의 불법 침략을 세계 각국에 호소, 국권을 회복하기 위하여, 안 의사는 산뚱(山東) 등지를 두루 돌아다닌 다음, 상하이(上海)로 가다. 이 곳에 와 있는 민영익(閔泳翊)을 만나려고 세 번이나 찾아갔으나 거절당하고 분노하다.

이 곳 천주교 성당에서 황해도에서 전도하는 프랑스인 곽(郭) 신부를 만나 중국으로 이주하지 말고 국내에 남아서 교육과 유세로 계몽과 실력 배양에 힘쓰라는 권고를 받고 그 말에 따라 국내로 되돌아오다.

부친 별세로 청계동에서 장례식 엄수하다. 평소 즐기던 술을 대한 독립의 날까지 끊기로 하다. 진남포에서 안창호의 연설을 듣고 문명개화와 국권 회복의 필요성을 절감하다.

1906년 (고종 43년, 28세) 가족을 데리고 청계동을 떠나 진남포로 이주하다. 가산을 기울여 삼흥학교(三興學校)와 돈의학교(敦義學校)를 설립하여 직접 교무를 맡아 교육에 힘쓰다.

1907년 (순종 1년, 29세) 아버지의 친구 김진사(金進士)가 찾아와 해외로 망명할 것을 권유하다. 평양으로 가서 광산(鑛山)에 손을 대었으나 일본인들의 방해로 실패하다. 국채보상회(國債報償會)의 일을 맡아보다. 가족과 헤어져 북간도(北間島)를 경유하여 러시아의 블라디보스토크(海蔘威)에 이르다. 이 곳 청년회에 참가하여 임시 사찰(臨時査察)로 뽑히다.

1908년 (순종 2년, 30세) 엄인섭(嚴仁燮), 김기룡(金起龍)과 의형제를 맺고, 의병(義兵)과 의금(義金) 모집에 나서다. 이범윤(李範允), 김두성(金斗星) 등이 '대한의군(大韓義軍)'을 조직하고 참모중장(參謀中將) 직을 맡아 두만강을 건너 경흥에 들어와 적 50명을 사살하고, 회령까지 진격하다.

그 뒤 일본군과 교전했으나 패하여 1개월 반 만에 구사일생으로 엔치야(烟秋)로 귀환하다.

1909년 (순종 3년, 31세) 김기열(金基烈), 백낙길(白樂吉), 박근식(朴根植), 김태련(金太連), 안계린(安啓麟), 이주천(李周天), 황화병(黃化炳), 장두찬(張斗瓚), 유파홍(劉坡弘) 등 11명과 같이 왼손 무명지를 자르고 단지 혈맹

(斷指血盟)을 맺다(안 의사가 공판정에서 말한 사람들과 이름이 다르나 공판정에서 말한 것은 동지들의 신변을 위하여 사실과 다르게 진술한 것 같다).

교육에 힘쓰고, 여러 사람의 마음을 단합시키려고 애썼으며, 신문을 통하여 정세 파악을 하다.

정대호(鄭大鎬)의 편지를 받고 일시 귀국하여 가족을 데리고 와 줄 것을 부탁하고 귀환하다.

동지 몇 명과 함께 국내에 잠입하여 동정을 살피려 했으나 자금이 없어 그만두다. 9월에 블라디보스토크로 가서 이토 히로부미가 온다는 소문을 듣고, 신문을 구독하여 사실임을 확인하다. 이토를 저격하려고 황해도 출신 의병장 이석산(李錫山)에게 1백 원을 사용하고, 우덕순(禹德淳)과 계획을 세우다.

도중에서 유동하(劉東夏), 조도선(曺道先) 등을 가담시키고, 10월 22일 목적지인 하얼빈(哈爾濱)에 도착하다. 우덕순, 조도선에게 지야이지스고 역에서 이토를 저격하게 하고, 실패하면 안 의사가 하얼빈 역에서 저격하기로 하다.

1909년 10월 26일 오전 9시 30분, 이토를 태운 특별 열차가 지야이지스고 역을 그대로 통과해 하얼빈 역에 도착하다. 이토가 열차에서 내려 러시아 재무대신 코코프체프와 의장대를 사열하고 돌아서는 순간, 권총을 발사하여 이토에게 세 발을 명중시키고, 가와카미(川上) 하얼빈 총영사, 모리(森) 궁내 대신 비서관, 다나카(田中) 만철이사(滿鐵理事)에게 중상을 입히고 현장에서 러시아 헌병에게 체포되어, 일본 영사관에 인도된 후 뤼쑨(旅順) 감옥에 투옥되다.

1910년 (순종 4년, 32세) 안 의사 등 4인에 대한 제1회 공판이 뤼쑨 지방법원에서 2월 7일 열리다. 2회 공판은 2월 8일에, 3회 공판은 2월 9일에, 4회 공판은 2월 10일에 열리다. 4회 공판에서 검찰관이 안 의사에게 사형, 우덕순, 조도선에게 3년, 유동하에게 1년 6개월을 구형하다. 5회 공판은 2월 12일 열리다. 제6회 최종언도 공판이 2월 14일 열려 안 의사에게 사형, 우덕순, 조도선에게 3년, 유동하에게 1년 6개월을 언도하다.

이날 오후 2시 정근, 공근 두 아우는 안 의사를 면회하고 부친 안태훈(?~1905: 1905년 장남 중근을 상해로 망명시키고 12월 신병으로 별세)의 말씀을 전하다.

"네가 국가를 위하여 이에 이르렀은즉 죽는 것이 오히려 영광이나 모자가 이 세상에서 다시 상봉치 못하겠으니 그 정리에 있어서 어떻다 말할 수 없다."

옥중에서 해박한 역사 지식으로서 당시의 역사적 사실을 분석한 〈동양평화론〉(미완)을 저술하다.

3월 26일 오전 10시 뤼쑨 감옥에서 형이 집행되어 순국하다. 어머님께서 보내온 한복으로 갈아입고 뤼쑨 감옥 형장에 임하여,

"나는 동양평화를 위하여 한 일이니 내가 죽은 뒤에라도 한·일 양국은 동양평화를 위하여 서로 협력해 주기를 바란다."

는 간곡한 부탁을 남기고 천주께 기도를 드린 후 순국하시니 이 때가 10시 15분이다.

안중근 의사 자서전

개정판 1쇄 발행 | 2014년 10월 25일
　　10쇄 발행 | 2023년 4월 10일

지은이 | 안중근　　　　　**엮은이** | 편집부
펴낸이 | 윤형두 · 윤재민　**펴낸곳** | 종합출판 범우(주)
교　정 | 김영석 · 신윤정　**표지디자인** | 박정은

등록번호 | 제406-2004-000012호(2004년 1월 6일)
주　　소 | (10881) 경기도 파주시 광인사길 9-13 (문발동 525-2)
대표전화 | 031-955-6900　　**팩　스** | 031-955-6905
홈페이지 | www.bumwoosa.co.kr　**이메일** | bumwoosa1966@naver.com

ISBN　978-89-6365-120-0　03990

* 책값은 뒤표지에 있습니다.
* 잘못된 책은 바꾸어드립니다.
* 교보문고 추천 — 2015우수편집도서 선정.

범우문고

산과 바다와 여행길에
2,800~4,900원
39년간 총 4,500만부 돌파!

▶ 전국 서점에서 낱권으로 판매합니다
▶ 계속 출간됩니다

※ 범우문고가 받은 상
제1회 독서대상(1978), 한국출판문화상(1981), 국립중앙도서관 추천도서(1982), 출판협회 청소년도서(1985), 새마을문고용 선정도서(1985), 중고교생 독서권장도서(1985), 사랑의 책보내기 선정도서(1986), 문화공보부 추천도서(1989), 서울시립 남산도서관 권장도서(1990), 교보문고 선정 독서권장도서(1994), 한우리독서운동본부 권장도서(1996), 문화관광부 추천도서(1998), 문화관광부 책읽기운동 추천도서(2002)

1 수필 피천득
2 무소유 법정
3 바다의 침묵(외) 베르코르/조규철·이정림
4 살며 생각하며 미우라 아야코/진웅기
5 오, 고독이여 F.니체/최혁순
6 어린 왕자 A.생 텍쥐페리/이정림
7 톨스토이 인생론 L.톨스토이/박형규
8 이 조용한 시간에 김우종
9 시지프의 신화 A.카뮈/이정림
10 목마른 계절 전혜린
11 젊은이여 인생을… A.모르아/방곤
12 채근담 홍자성/최현
13 무진기행 김승옥
14 공자의 생애 최현 엮음
15 고독한 당신을 위하여 L.린저/곽복록
16 김소월 시집 김소월
17 장자 장자/하세욱
18 예언자 K.지브란/유제하
19 윤동주 시집 윤동주
20 명정 40년 변영로
21 산사에 심은 뜻은 이청담
22 날개 이상
23 메밀꽃 필 무렵 이효석
24 애정은 기도처럼 이영도
25 이브의 천형 김소она
26 탈무드 M.토케이어/정진태
27 노자도덕경 노자/황병국
28 갈매기의 꿈 R.바크/김진욱
29 우정론 A.보나르/이정림
30 명상록 M.아우렐리우스/황문수
31 젊은 여성을 위한 인생론 P.벅/김진욱
32 B.A감과 러브레터 현진건
33 조병화 시집 조병화
34 느티의 일월 모윤숙
35 로렌스의 성과 사랑 D.H.로렌스/이성호
36 박인환 시집 박인환
37 모래톱 이야기 김정한
38 창문 김태길
39 방랑 H.헤세/홍경호
40 손자병법 손무/황병국
41 소설·알렉산드리아 이병주
42 전략 A.카뮈/이정림

43 사노라면 잊을 날이 윤형두
44 김삿갓 시집 김병연/황병국
45 소크라테스의 변명(외) 플라톤/최현
46 서정주 시집 서정주
47 사람은 무엇으로 사는가 톨스토이/김진욱
48 불가능은 없다 R.슐러/박호순
49 바다의 선물 A.린드버그/신상웅
50 잠 못 이루는 밤을 위하여 힐티/홍경호
51 딸깍발이 이희승
52 몽테뉴 수상록 M.몽테뉴/손석린
53 박재삼 시집 박재삼
54 노인과 바다 E.헤밍웨이/김회진
55 향연·뤼시스 플라톤/최현
56 젊은 시인에게 보내는 편지 릴케/홍경호
57 피천득 시집 피천득
58 아버지의 뒷모습(외) 주자청/허세욱(외)
59 현대의 신 N.쿠치키(편)/진철승
60 별·마지막 수업 A.도데/정봉구
61 인생의 선용 J.러보크/한영환
62 브람스를 좋아하세요… F.사강/이정림
63 이동주 시집 이동주
64 고독한 산보자의 꿈 J.루소/염기용
65 파이돈 플라톤/최현
66 백장미의 수기 숄/홍경호
67 소년 시절 H.헤세/홍경호
68 어떤 사람이기에 김동길
69 가난한 밤의 산책 C.힐티/송영택
70 근원수필 김용준
71 이방인 A.카뮈/이정림
72 롱펠로 시집 H.롱펠로/윤삼하
73 명사십리 한용운
74 왼손잡이 여인 P.한트케/홍경호
75 시민의 반항 H.소로/황문수
76 민중조선사 전석담
77 동문서답 조지훈
78 프로타고라스 플라톤/최현
79 표본실의 청개구리 염상섭
80 문주반생기 양주동
81 신조선혁명론 박열/서석연
82 조선과 예술 야나기 무네요시/박재삼
83 중국혁명론 모택동(외)/박광종 엮음
84 탈출기 최서해

85 바보네 가게 박연구
86 도왜실기 김구/엄항섭 엮음
87 젊은이여 인생을… F.사강/이정림·방곤
88 공산당 선언 마르크스·엥겔스/서석연
89 조선문학사 이명선
90 권태 이상
91 내 마음속의 그들 한승헌
92 노동자강령 F.라살레/서석연
93 장씨 일가 유주현
94 백설부 김진섭
95 에코스파즘 A.토플러/김진욱
96 가난한 농민에게 바란다 레닌/이정ول
97 고리키 단편선 M.고리키/김영국
98 러시아의 조선침략사 신승권
99 기재기이 신광한/박헌순
100 홍경래전 이명선
101 인간만사 새옹지마 리영희
102 청춘을 불사르고 김일엽
103 모범경작생(외) 박영준
104 방망이 깎던 노인 윤오영
105 찰스 램 수필선 C.램/양병석
106 구도자 고은
107 표해록 장한철/정병욱
108 월광곡 홍난파
109 무서록 이태준
110 나생문(외) 아쿠타가와 류노스케/진웅기
111 해변의 시 김동석
112 발자크와 스탕달의 예술논쟁 김진욱
113 파한집 이인로/이상보
114 역사소품 곽말약/김승일
115 체스·아내의 불안 S.츠바이크/오영옥
116 복덕방 이태준
117 실천론(외) 모택동/김승일
118 순오지 홍만종/전규태
119 직업으로서의 학문·정치 베버/김진욱(외)
120 요재지이 포송령/진기환
121 한설야 단편선 한설야
122 쇼펜하우어 수상록 쇼펜하우어/최혁순
123 유태인의 성공법 M.토케이어/진웅기
124 레디메이드 인생 채만식
125 인물 삼국지 모리야 히로시/김승일
126 한글 명심보감 장기근 옮김

#	제목	저자/역자
127	조선문화사서설	모리스 쿠랑/김수경
128	역옹패설	이제현/이상보
129	문장강화	이태준
130	중용·대학	차주환
131	조선미술사연구	윤희순
132	옥중기	오스카 와일드/김현영
133	유태인식 돈벌이	후지다 덴/지방훈
134	가난한 날의 행복	김소운
135	세계의 기적	박광순
136	이퇴계의 활인심방	정숙
137	카네기 처세술	데일 카네기/전민식
138	요로원야화기	김승일
139	푸슈킨 산문 소설집	푸슈킨/김영국
140	삼국지의 지혜	황의백
141	슬견설	이규보/장덕순
142	보리	한흑구
143	에머슨 수상록	에머슨/윤삼하
144	이사도라 덩컨의 무용에세이	덩컨/최혁순
145	북학의	박제가/김승일
146	두뇌혁명	T.R.블랙슬리/최현
147	베이컨 수상록	베이컨/최혁순
148	동백꽃	김유정
149	하루 24시간 어떻게 살 것인가	베넷/이은순
150	평민문학사서설	허경진
151	정선아리랑	김병하·김연갑 공편
152	독서요법	황의백 엮음
153	나는 왜 기독교인이 아닌가	러셀/이재황
154	조선사 연구(草)	신채호
155	중국의 신화	장기근
156	무병장생 건강법	배기성 엮음
157	조선위인전	신채호
158	정감록비결	편집부 엮음
159	유태인 상술	후지다 덴/진웅기
160	동물농장	조지 오웰/김회진
161	신록 예찬	이양하
162	진도 아리랑	박병훈·김연갑
163	책이 좋아 책하고 사네	윤형두
164	속담에세이	박연구
165	중국의 신화(후편)	장기근
166	중국인의 에로스	장기근
167	귀여운 여인(외)	A.체호프/박형규
168	아리스토파네스 희곡선	아리스토파네스/최현
169	세네카 희곡선	세네카/최현
170	테렌티우스 희곡선	테렌티우스/최현
171	외투·코	고골리/김영국
172	카르멘	메리메/김진욱
173	방법서설	데카르트/김진욱
174	페이터의 산문	페이터/이성호
175	이해사회학의 카테고리	베버/김진욱
176	러셀의 수상록	러셀/이성규
177	속악유희	최영년/황순구
178	권리를 위한 투쟁	R.예링/심윤종
179	돌과의 문답	이규보/장덕순
180	성황당(외)	정비석
181	양쯔강(외)	펄 벅/김병걸
182	봄의 수상(외)	조지 기싱/이창배
183	아미엘 일기	아미엘/민희식
184	예언자의 집에서	토마스 만/박환덕
185	모자철학	가드너/이창배
186	짝 잃은 거위를 곡하노라	오상순
187	무하선생 방랑기	김상용
188	어느 시인의 고백	릴케/송영택
189	한국의 멋	윤태림
190	자연과 인생	도쿠토미 로카/진웅기
191	태양의 계절	이시하라 신타로/고평국
192	애서광 이야기	구스타브 플로베르/이민정
193	명심보감의 명구 191	이응백
194	아큐정전	루쉰/허세욱
195	촛불	신석정
196	인간괘대	추식
197	고향산수	마해송
198	아랑의 정조	박종화
199	지사총	조선작
200	홍동백서	이어령
201	유령의 집	최인호
202	목련초	오정희
203	친구	송영
204	쫓겨난 아담	유치환
205	카마수트라	바스야야나/송미영
206	한 가닥 공상	밀른/공덕룡
207	사랑의 샘가에서	우치무라 간조/최현
208	황무지 공원에서	유달영
209	산정무한	정비석
210	조선해학 어수록	장한종/박훤
211	조선해학 파수록	부묵자/박훤
212	용재총화	성현/정종진
213	한국의 가을	박대인
214	남원의 향기	최승범
215	다듬이 소리	채만식
216	부모은중경	안춘근
217	거룩한 본능	김규련
218	연주회 다음날	우치다 핫켄/문희정
219	갑사로 가는 길	이상보
220	공상에서 과학으로	엥겔스/박광순
221	인도기행	H.헤세/박환덕
222	신화	이주홍
223	게르마니아	타키투스/박광순
224	김강사와 T교수	유진오
225	금강산 애화기	곽말약/김승일
226	십자가의 증언	강원룡
227	아네모네의 마담	주요섭
228	병풍에 그린 닭이	나도향
229	조선책략	황준헌/김승일
230	시간의 빈 터에서	김열규
231	밖에서 본 자화상	한완상
232	잃어버린 동화	박문하
233	붉은 고양이	루이제 린저/홍경호
234	봄은 어느 곳에	심훈(외)
235	청춘예찬	민태원
236	낙엽을 태우면서	이효석
237	알랭어록	알랭/정봉구
238	기다리는 마음	송승호
239	난중일기	이순신/이민수
240	동양의 달	차주환
241	경세종(외)	김필수(외)
242	독서와 인생	미키 기요시/최현
243	콜롬부스	메리메/송태효
244	목축기	안수길
245	허허선생	남정현
246	비늘	윤흥길
247	미켈란젤로의 생애	로맹 롤랑/이정림
248	산딸기	노천명
249	상식론	토머스 페인/박광순
250	베토벤의 생애	로맹 롤랑/이정림
251	얼굴	조경희
253	임금노동과 자본	카를 마르크스/박광순
254	붉은 산	김동인
255	낙동강	조명희
256	호반·대학시절	T.슈토름/홍경호
257	맥	김남천
258	지하촌	강경애
259	설국	가와바타 야스나리/김진욱
260	생명의 계단	김교신
261	법창으로 보는 세계명작	한승헌
262	톨스토이의 생애	로맹롤랑/이정림
263	자본론	레닌/김승일
264	나의 소원(외)	김구
265	측북무후 여의군전(외)	서장령(외)/편집부
266	카를 마르크스	레닌/김승일
267	안티고네	소포클레스/황문수
268	한국혼	신규식
269	동양평화론(외)	안중근
270	조선혁명선언	신채호
271	백록담	정지용
272	조선독립의 서	한용운
273	보리피리	한하운
274	세계문학을 어떻게 읽을 것인가	헤세/박환덕
275	영구평화론	칸트/박환덕·박열
276	제갈공명 병법	제갈량/박광순
277	망향대해	백사종
278	광인일기(외)	루쉰/허세욱
279	그날이 오면	심훈
280	호질·양반전·허생전	박지원/이민수
281	신수 스바넨비식흐	
282	님의 침묵	한용운
283	패강랭(외)	이태준
284	동몽선습	민제인/안춘근
285	사직동 그 집	이정림
286	영가	칼릴 지브란/윤상하
287	간디 어록	리차드 아텐버러/최현
288	천자문	주흥사/안춘근
289	나의 애송시	이응백(외)/편집부
290	젊은이의 편지(외)	생 텍쥐페리/조규철
291	아름다운 배경	정목일
292	홍염(외)	최서해
293	한자 여행	강경매
294	헤세 시집	H.헤세/서석연
295	하이네 시집	H.하이네/서석연
296	운수 좋은 날(외)	현진건
297	역사를 빛낸 한국의 여성	안춘근
298	변신 프란츠 카프카/박환덕	
299	좁은 문	앙드레 지드/이정림
300	ада-лагерь 외 15인	
301	행복론	헤르만 헤세/박환덕
302	나비	헤르만 헤세/홍경호
303	홍길동전·임진록	허균(외)/전규태
304	유머 에세이 29장	김진악
305	누룸돌	최원현
306	데미안	헤르만 헤세/홍경호
307	독일인의 사랑	막스 뮐러/홍경호
308	진달래꽃	김소월

범우비평판 세계문학

논술시험 준비중인 청소년과 대학생·일반인을 위한 책 —
서울대·연대·고대 권장도서 최다 선정(31종)으로 1위

작가별 작품론을 함께 실어 만든, 출판 52년이 일궈낸 세계문학의 보고!
대학입시생에게 논리적 사고를 길러주고 대학생에게는 사회진출의 길을 열어주며,
일반 독자에게는 생활의 지혜를 듬뿍 심어주는 문학시리즈로서
범우세계문학은 이제 독자 여러분의 서가에서 오랜 친구로 늘 함께할 것입니다.

158권 ▶계속 출간

1 **토마스 불핀치** 1 그리스·로마 신화 최혁순
   2 원탁의 기사 한영환
   3 샤를마뉴 황제의 전설 이성규
2 **도스토예프스키** 1-2 죄와 벌(전2권) 이철
   3-5 카라마조프의 형제(전3권) 김학수
   6-8 백치(전3권) 박형규
   9-11 악령(전3권) 이철
3 **W. 셰익스피어** 1 셰익스피어 4대 비극 이태주
   2 셰익스피어 4대 희극 이태주
   3 셰익스피어 4대 사극 이태주
   4 셰익스피어 명언집 이태주
4 **토마스 하디** 1 테스 김회진
5 **호메로스** 1 일리아스 유영
   2 오디세이아 유영
6 **존 밀턴** 1 실낙원 이창배
7 **L. 톨스토이** 1 부활(전2권) 이철
   3-4 안나 카레니나(전2권) 이철
   5-8 전쟁과 평화(전4권) 박형규
8 **토마스 만** 1-2 마의 산(전2권) 홍경호
9 **제임스 조이스** 1 더블린 사람들·비평문 김종건
   2-5 율리시즈(전4권) 김종건
   6 젊은 예술가의 초상 김종건
   7 피네간의 경야(抄)·詩·에피파니 김종건
   8 영웅 스티븐·망명자들 김종건
10 **생 텍쥐페리** 1 전시 조종사(외) 조규철
   2 젊은이의 편지(외) 조규철·이정림
   3 인생의 의미(외) 조규철
   4-5 성채(전2권) 염기용

   6 야간비행(외) 전채린·신경자
11 **단테** 1-2 신곡(전2권) 최현
12 **J. W. 괴테** 1-2 파우스트(전2권) 박환덕
13 **J. 오스틴** 1 오만과 편견 오화섭
   2-3 맨스필드 파크(전2권) 이옥용
   4 이성과 감성 송은주
   5 엠마 이옥용
14 **V. 위고** 1-5 레 미제라블(전5권) 방곤
15 **임어당** 1 생활의 발견 김병철
16 **루이제 린저** 1 생의 한가운데 강두식
   2 고원의 사랑·옥중기 김문숙·홍경호
17 **게르만 서사시** 1 니벨룽겐의 노래 허창운
18 **E. 헤밍웨이** 1 누구를 위하여 종은 울리나 김병철
   2 무기여 잘 있거라(외) 김병철
19 **F. 카프카** 1 성(城) 박환덕
   2 변신 박환덕
   3 심판 박환덕
   4 실종자 박환덕
   5 어느 투쟁의 기록(외) 박환덕
   6 밀레나에게 보내는 편지 박환덕
20 **에밀리 브론테** 1 폭풍의 언덕 안동민
21 **마가렛 미첼** 1-3 바람과 함께 사라지다(전3권) 송관식·이병규
22 **스탕달** 1 적과 흑 김붕구
23 **B. 파스테르나크** 1 닥터 지바고 오재국
24 **마크 트웨인** 1 톰 소여의 모험 김병철
   2 허클베리 핀의 모험 김병철
   3-4 마크 트웨인 여행기(전2권) 박미선
25 **조지 오웰** 1 동물농장·1984년 김회진

▶크라운변형판
▶각권 7,000원~15,000원
▶전국 서점에서 낱권으로 판매합니다.

26 존 스타인벡   1-2 분노의 포도(전2권) 전형기
                3-4 에덴의 동쪽(전2권) 이성호
27 우나무노   1 안개 김현창
28 C. 브론테   1-2 제인 에어(전2권) 배영원
29 헤르만 헤세   1 知와 사랑·싯다르타 홍경호
                2 데미안·크눌프·로스할데 홍경호
                3 페디 카멘힌트·게르트루트 박환덕
                4 유리알 유희 박환덕
30 알베르 카뮈   1 페스트·이방인 방곤
31 올더스 헉슬리 1 멋진 신세계(외) 이성규·허정애
32 기 드 모파상 1 여자의 일생·단편선 이정림
33 투르게네프   1 아버지와 아들 이철
                2 처녀지·루딘 김학수
34 이미륵   1 압록강은 흐른다(외) 정규화
35 T. 드라이저   1 시스터 캐리 전형기
                2-3 미국의 비극(전2권) 김병철
36 세르반떼스   1 돈 끼호떼 김현창
                2 (속) 돈 끼호떼 김현창
37 나쓰메 소세키 1 마음·그 후 서석연
                2 명암 김정훈
38 플루타르코스 1-8 플루타르크 영웅전(전8권) 김병철
39 안네 프랑크   1 안네의 일기(외) 김남석·서석연
40 강용흘   1 초당 장문평
               2 동양선비 서양에 가시다 유영
41 나관중   1-5 원본 三國志(전5권) 황병국
42 귄터 그라스   1 양철북 박환덕
43 아쿠타가와 류노스케 1 아쿠타가와 작품선 진웅기·김진욱
44 F. 모리악   1 떼레즈 데께루·밤의 종말(외) 전채린

45 에리히 M.레마르크 1 개선문 홍경호
                    2 그늘진 낙원 홍경호·박상배
                    3 서부전선 이상없다(외) 박환덕
                    4 리스본의 밤 홍경호
46 앙드레 말로   1 희망 이가형
47 A. J. 크로닌 1 성채 공문혜
48 하인리히 뵐   1 아담 너는 어디 있었느냐(외) 홍경호
49 시몬느 드 보봐르 1 타인의 피 전채린
50 보카치오   1-2 데카메론(전2권) 한형곤
51 R. 타고르   1 고라 유영
52 R. 롤랑   1-5 장 크리스토프(전5권) 김창석
53 노발리스   1 푸른 꽃(외) 이유영
54 한스 카로사   1 아름다운 유혹의 시절 홍경호
                2 루마니아 일기(외) 홍경호
55 막심 고리키   1 어머니 김현택
56 미우라 아야코 1 빙점 최현
                2 (속)빙점 최현
57 김현창   1 스페인 문학사
58 시드니 셸던   1 천사의 분노 황보석
59 아이작 싱어   1 적들, 어느 사랑이야기 김회진
60 에릭 시갈   1 러브 스토리·올리버 스토리 김성렬·홍성표
61 크누트 함순   1 굶주림 김남석
62 D.H. 로렌스   1 채털리 부인의 사랑 오영진
                2-3 무지개(전2권) 최인자
63 어윈 쇼   1 나이트 워크 김성렬
64 패트릭 화이트 1 불타버린 사람들 이종욱

**시대를 초월해 인간성 구현의
모범으로 삼을 만한 책을 엄선하여 엮다!**

범우 고전선

1. 유토피아 토머스 모어/황문수
2. 오이디푸스 왕 소포클레스/황문수
3. 명상록·행복론 M.아우렐리우스·L.세네카/황문수·최현
4. 깡디드 볼떼르/염기용
5. 군주론·전술론(외) 마키아벨리/이상두
6. 사회계약론(외) J. 루소/이태일·최현
7. 죽음에 이르는 병 키에르케고르/박환덕
8. 천로역정 존 버니언/이현주
9. 소크라테스 회상 크세노폰/최혁순
10. 길가메시 서사시 N. K. 샌다즈/이현주
11. 독일 국민에게 고함 J. G. 피히테/황문수
12. 히페리온 F. 횔덜린/홍경호
13. 수타니파타 김운학 옮김
14. 쇼펜하우어 인생론 A. 쇼펜하우어/최현
15. 톨스토이 참회록 L. N. 톨스토이/박형규
16. 존 스튜어트 밀 자서전 J. S. 밀/배영원
17. 비극의 탄생 F. W. 니체/곽복록
18. 에 밀(상)(하) J. J. 루소/정봉구
19. 팡 세 B. 파스칼/최현·이정림
20. 헤로도토스 歷史(상)(하) 헤로도토스/박광순
21. 성 아우구스티누스 고백록 A. 아우구스티누스/김평옥
22. 예술이란 무엇인가 L. N. 톨스토이/이철
23. 나의 투쟁 A. 히틀러/서석연
24. 論語 황병국 옮김
25. 그리스·로마 희곡선 아리스토파네스(외)/최현
26. 갈리아 戰記 G. J. 카이사르/박광순
27. 善의 연구 니시다 기타로/서석연
28. 육도·삼략 하재철 옮김
29. 국부론(상) A. 스미스/최호진·정해동
30. 국부론(하) A. 스미스/최호진·정해동
31. 펠로폰네소스 전쟁사(상) 투키디데스/박광순
32. 펠로폰네소스 전쟁사(하) 투키디데스/박광순
33. 孟子 차주환 옮김
34. 아방강역고 정약용/이민수
35. 서구의 몰락 ① 슈펭글러/박광순
36. 서구의 몰락 ② 슈펭글러/박광순
37. 서구의 몰락 ③ 슈펭글러/박광순
38. 명심보감 장기근
39. 월든 H. D. 소로/양병석
40. 한서열전 반고/홍대표
41. 참다운 사랑의 기술과 허튼 사랑의 질책 안드레아스/김영락
42. 종합 탈무드 마빈 토케이어(외)/전풍자
43. 백운화상어록 백운화상/석찬선사
44. 조선복식고 이여성
45. 불조직지심체요절 백운선사/박문열
46. 마가렛 미드 자서전 M.미드/최혁순·최인옥
47. 조선사회경제사 백남운/박광순
48. 고전을 보고 세상을 읽는다 모리야 히로시/김승일
49. 한국통사 박은식/김승일
50. 콜럼버스 항해록 라스 카사스 신부 엮음/박광순
51. 삼민주의 쑨원(김승일외) 옮김
52. 나의 생애(상)(하) L. 트로츠키/박광순
53. 북한산 역사지리 김윤우
54. 몽계필담(상)(하) 심괄/최병규
56. 사기(상·중·하) 사마천/이무영
57. 해동제국기 신숙주/신용호(외) 주해

▶ 계속 펴냅니다

www.bumwoosa.co.kr
전화:031)955-6900~4